兩岸和平發展研究系列

一中同表 或 一中各表

記兩岸統合學會與聯合報的辯論

〔第二版〕

張亞中／主編

兩岸統合学會
Chinese Integration Association

再版序：

失去統的想像可能有和平嗎？

　　在第一版的序言中，我們以〈歧路亡羊的「一中各表論」〉為題，表達出我們對於《聯合報》元旦系列觀點的質疑，以及兩岸關係發展的隱憂。

　　第一版《一中同表或一中各表》付梓後，受到海內外研究兩岸關係學者專家的重視，並得以有系統地了解兩岸統合學會與《聯合報》在「一中同表」或「一中各表」論述上的根本歧異，以及論述歧異可能產生的政治後果。

　　我們的質疑與隱憂，似乎並沒有讓《聯合報》有立場上的修正，反而是到了 2010 年 8 月底，《聯合報》又開始發表「從『統一論』到『連結論』」一系列的文章，為其「元旦六論」系列再進行更深一步的申論。迄今為止，《聯合報》仍將該社論系列放在該報網站，供讀者無限下載，可見確已將此視為該報對於兩岸關係發展的重要立場。

　　《聯合報》社論系列的一篇文章「可以不統一、不能

不和平」，凸顯其「一中各表論」的核心精神。我們懇切地請《聯合報》與民眾深思，如果讓失去了統的想像與可能，兩岸真能夠長久和平嗎？

在現實的政治世界中，很多人以光譜來表達不同政黨與個人對於政治立場的看法。我們認為在兩岸定位這種極高的政治議題中，「是否合理」比「堅持哪一光譜」更為重要，「解決問題」比「反映問題」更需要智慧與勇氣。我們當然擔心，《聯合報》的社論反映的不只是一個說法而已，透過該報在華人世界的巨大影響力，它有可能產生曲解、誤導，致而引發決策錯誤的可能。

基於此，兩岸統合學會再以理事長張亞中、秘書長謝大寧與黃光國三位教授具名，陸續在《旺報》發表了系列回應文章，以期導正若干似是而非的看法。

由於東西德在互動過程中，「屋頂理論」經常被提及，《聯合報》在多次社論中，也以屋頂理論做為「一中各表」的論證依據。2010 年 10 月正逢德國統一 20 週年，為此張亞中理事長以「從『一德各表』到『一中同表』：德國統一經驗的反思」為文刊登《中國評論》，期望未來在借鏡德國經驗時，可以在無誤的基礎上精準地進行對話。

上述文章均收錄於第二版。出版之時已是辛亥百年。我們從來沒有否認「一中各表」有其歷史階段性的功能，它的確在 1990 年代期間做出其應有的貢獻，打開了兩岸長

期的僵局，啓動了兩岸的交流。但是時代在變，兩岸目前已經進入一個高度依存的命運共同體社會，各說各話的「一中各表」已經不合時宜，應該是正式退出歷史舞台的時候了。期望在這個具有歷史意義的辛亥百年，存同化異的「一中同表」可以成爲促使兩岸和平發展的真正共識！

另記：除了本書以外，兩岸統合學會與中國評論學術出版社、台灣大學政治學系暨區域統合研究中心合作，另出版兩本專著，一本是由張亞中所著《統合力略》，另一本是兩岸學者的共同研究成果《兩岸政治定位探索》，值得關心兩岸關係的研究者參考。《統合方略》、《兩岸政治定位探索》與《一中同表或一中各表》（第一、二版）等三書均已納入台灣大學圖書館數位典藏，讀者如有需要，可自行進入，或從公開網站上免費下載 PDF 全文。

張亞中　謹誌

於台灣大學社會科學院研究大樓 311 室

2010 年 12 月 28 日

序　言：

歧路亡羊的「一中各表論」

　　這是一次歷史性的辯論，一次關乎兩岸和平發展基石為何的辯論！

　　今（2010）年元旦開始，《聯合報》以《中華民國九十九年感思》為題，刊出了系列社論，希望以「一中各表」來為兩岸在不久的將來可能展開的政治談判定調。兩岸統合學會在仔細研究了這些社論後，發現其思路將可能導致兩岸關係陷入極大的危機之中，也有可能導致中華民國現行體制的崩潰，因此乃以理事長張亞中、秘書長謝大寧與黃光國三位教授具名，在《旺報》發表了系列回應文章，希望藉助此一辯論，來凸顯一中各表論的問題所在，並敦促與《聯合報》持相同看法者，能夠改弦更張，轉而思考「一中同表」的可能性與論述策略。

　　基本上說，《聯合報》以為「一中各表」乃是一個足以在藍綠紅之間取得最大公約數的論述，如果未來的兩岸

政治談判能奠基在此一基礎上,將可能吸納民進黨,並為中華民國搭起重返中國的橋梁,從而不只化解台獨的危險,也為中國的和平發展創造更大的力量。而做為《聯合報》整個論證之基石的「一中各表」,大致上是根據《國統綱領》而說,並根據《國統綱領》所謂「互不否定」的精神,並將此為兩岸的和平奠立基石。

然而在我們看來,《聯合報》的這項論述,或許在《國統綱領》時代,尚有其合理性與可行性,但是隨著 1993 年起,台灣內部對於「一個中國」定義的快速改變,經歷李登輝的「一個中國去政治化與法律化」(將「一個中國」界定在「歷史、地理、文化、血緣上」的概念)、「特殊國與國」、陳水扁的「一邊一國」論述,甚而再到馬英九的「台灣是中華民國」、「主權獨立」、「台灣前途由 2300 萬人共同決定」等總總中華民國主權限縮在台澎金馬的論述,使得《聯合報》的看法不但無法達成其理想,卻反而恰好將讓中華民國陷入一種夾逼的狀態。

簡單地說,1991-93 年時的「一中各表」是以「統一」為唯一選擇,那時的「一中各表」的確可以在兩岸和平發展中扮演關鍵性的重要角色。可是經歷近二十年的政治發展,台灣內部也將不認為「一中各表」的唯一目標是「統一」,「台獨」已經成為朝野選項之一,馬英九主張「台灣前途由 2300 萬人共同決定」也等於暗示兩岸的「主權宣

示」已經不再重疊。在這樣的現實前提下，對大陸而言，如果接受「一中各表」的論述為兩岸政治談判的前提，有可能等於同意將兩岸分立固定化，也就是為「兩個中國」創造法律的基礎。另一方面，「一中各表」的主張，反而可能為民進黨所運用，順此論述之勢為其台獨黨綱解套，反守為攻，要求在「各表」的基礎上，國民黨明確地接受中華民國將其主權限縮到台澎金馬，從而成為「法理獨台」的狀態。如此一來，當然也會讓中華民國陷入窘境，而成為進不得也退不得的尷尬狀態。

換句話說，《聯合報》所一直強調的，要用「一中各表」這樣的「過程論」來接軌到統一的「目的論」，這樣的一種「路線圖」如果實際展開的話，恐怕將不可避免地會成為一張「岔路縱橫」的地圖，並讓中華民國與兩岸關係和平發展陷入「歧路亡羊」的困境，這在我們看來，謀國如此，還真是讓人既捏把冷汗，也情何以堪。這也是我們之所以要發動這場辯論的緣故。

而在此次辯論過程中，我們也簡要說明了兩岸統合學會對兩岸未來和平發展路線圖的完整構想。我們認為，兩岸不宜採取「一中各表」的模式，而應思考如何來「一中同表」；兩岸應維護的不再是「九二共識」，而是「一中共識」！

任何一個可以運作的方案必須建立在現實的基礎上，兩岸目前的法理現狀為：一是兩岸的憲法均為「一中憲法」，主權宣示重疊；二是兩岸治權分立，各自在其現有的領域享有完整的管轄權。「一中同表」的方案就是在這樣的基礎上建立。在我們看來，如果雙方「承諾不分裂整個中國」，接受彼此為「平等的憲政秩序主體」，如此既不會陷入分裂中國的法理陷阱，又可以維持兩岸的法理現狀，同時還可以通過一些協定的簽署、建立共同體制度、推行共同政策，形成「第三憲」的基礎，並讓兩岸建構重疊認同。對此一方案，我們將之概括為「一中三憲，兩岸統合」。詳細的論述，我們會另外由專書介紹。我們相信這樣的方案才真能為兩岸創造可靠的和平發展環境，並為中華民國找到未來。

在這本冊子中，我們為了方便讀者能夠了解整個辯論的來龍去脈，除了在一開始的部分，特別將蘇起先生所撰「『一個中國、各自表述』共識的意義與貢獻」及國政基金會所撰「何謂九二共識」兩篇具有代表性的文章納入，在編排上，本書採取了兩造並陳的方式，依照時間順序完整呈現了《聯合報》社論與我們登載在《旺報》的幾次對話過程，並在最後收錄了登載在《中國評論》三月號的一篇總結。

我們誠摯地期盼關切兩岸發展的讀者朋友，能夠通過

此一結集，而更深入地展開思辨。平心而論，台灣已經浮躁得太久，也民粹得太久了；我們相信，唯有知識與思辨，可以幫助我們澄清問題，並真正找到出路，我們願以此與讀者諸君共勉！

　　另外，在去年底，因著聯電董事長曹興誠先生發起推動「兩岸和平共處法」的因緣，我們也和曹董事長展開了另一場辯論。由於這兩次辯論的問題脈絡頗為一致，所以我們也特別將張亞中教授五篇登載在《新新聞》的相關文章收為附錄，以饗讀者，並為與《聯合報》辯論文章的補充。

　　最後，我們當然還要對《聯合報》與曹興誠先生表示由衷的敬意，並藉此機會向《新新聞》總編輯黃文財先生、《旺報》社長黃清龍先生、總主筆戎撫天先生、楊偉中先生再致最高謝意，感謝他們提供了一個深度論述辯論的舞台，也感謝兩岸統會學會執行長謝明輝的居中行政協調，並企盼未來繼續一起推動討論，以為兩岸和平發展找到正確的基礎與方向！

張亞中　謹誌

於台灣大學社會科學院研究大樓 311 室

2010 年 3 月 15 日

目　錄

第一部分

一中各表的內涵

「一個中國，各自表述」
共識的意義與貢獻

蘇　起

　　在民主化以後的台灣，太多的爭議吸引著人們的注意，因此很少議題能夠長期停留在公共領域被探討、被驗證。在政黨輪替後的台灣，太多的政策、措施或慣例被推翻，因此多數人已經懶得深究其實，分辨其中的是非、輕重與利弊。「一個中國、各自表述」的共識就是這樣的一個例子。

　　今天，有幾個人能體會：

一、「一個中國、各自表述」共識是兩岸自 1949 年隔海分治以來，歷經四十餘年武裝對峙與意識形態鬥爭以後，所達成的第一個深具歷史意義的政治性妥協。

二、這個妥協所針對的議題正是兩岸之間最核心、最關鍵，也最棘手的「一個中國」問題。用法律語言說，就是主權問題。用通俗語言說，就是定位問題，其中包括各自的自我定位，與彼此的相互定位。正因如此，所以這項妥協至為難能可貴。

三、正因為台海雙方在最難的「一個中國」問題上達成模
　　糊的共識，所以才可能在 1993 年 4 月的新加坡舉行辜
　　汪會談，並在隨後兩年間不間斷地進行事務性商談。
　　如果 1992 年沒有共識，何來 1993、1994、1995 年的
　　兩岸和緩情勢？再拉長時間看，如果沒有這項基本妥
　　協，怎可能在兩岸至今 53 年的「零和」對立中出現曇
　　花一現的「雙贏」四年呢？所以「九二共識」對於創
　　造及維持台海情勢的穩定，是深具貢獻的。

　　很可惜地，「一個中國、各自表述」共識的歷史意義
與貢獻，在政黨輪替後的政治紛擾中被有意或無意地忽略
了。扁政府在執政第一年，一直故意利用它的模糊性與複
雜性，混淆一般民眾的認知與記憶。去年立委與縣市長選
舉前夕，陳水扁總統乾脆直接宣佈廢棄此一共識，以為今
年八月的「一邊一國」論舖路。陳總統與民進黨政府想要
另起爐灶的企圖心，不難理解。但開創新的未來，是否必
須全盤否定過去，卻值得商榷。更何況，人走過，必留下
痕跡。過去的史實歷歷在目，又豈是一人一黨恰好一時掌
權就可以一手遮天？

　　本書（《「一個中國，各自表述」共識的史實》）的
出版目的就是單純地想在 1992 年 11 月兩岸達成共識的十
週年，回顧一下走過的痕跡，為歷史作個見證。除了若干
歷史性的主要文件外，本書也節錄了十年間兩岸重要官員

的相關談話。雖然某些個別官員曾經多次談到此一共識，但基於篇幅有限，本書儘量只做重點呈現。此外，本書也收納了若干曾經參與兩岸實務的人士所撰寫的較有系統的文章，以及一些比較具有代表性的媒體報導與學者專家的論述。這些文字不可能是關於「九二共識」的全部，但應該足夠呈現它的真相。

十年後的今天，要明白「一個中國、各自表述」共識，還必須了解當時的環境背景。1990 年代初期的兩岸，歷經 40 年的尖銳鬥爭，「漢賊不兩立」的心態可說深入各自的政策與民心，極難撼動。但是兩岸各自的大小環境恰在同時發生了重大的質變。在台灣方面，蓄積幾十年能量的台灣民眾渴望走出台灣，迎向中國大陸，走進全世界；李前總統就任伊始，很想藉著開創性的作為來鞏固權力；而美國又於一九九二年八月同意出售 F-16 高性能戰鬥機給台灣，增加了中華民國朝野的信心。同時，在 1989 年天安門事件後遭到國際制裁的大陸領導人，也希望藉著把台灣拉上談判桌，一則推動和平統一工程，一則吸引國外資金，一則改善國際形象。所以，簡單地說，雙方都有足夠的誘因推動關係的解凍。

在這種情況下，兩岸透過密使先進行了可進可退的試探。自 1990 年底至 1992 年 8 月，李前總統派出密使蘇志

誠分別與中共前台辦主任楊斯德與王兆國及海協會會長汪
道涵等人多次秘密會面，商談主題包括國統綱領與日後的
新加坡會談。這些秘密會面建立了彼此初步的基本互信，
足以使雙方願意浮出檯面，在公開的軌道上，由海基會與
海協會展開談判。但是由於當時國共兩黨鬥爭已逾 70 年，
彼此敵意根深蒂固，而首先接觸到的「一個中國」問題恰
又是雙方內部及彼此之間最核心、最困難的問題，所以歷
經 1991 年 11 月與 1992 年 3 月的兩次北京會談（我方主談
人分別為陳長文與許惠祐，大陸為唐樹備與周寧），依然
徒勞無功。10 月底雙方在香港第三次會談，本又再度觸礁，
中共代表已經打道回府，還好經過我方努力，雙方終於在
11 月透過函電往返，達成共識，順利擱置爭議，邁向辜汪
會談與事務性協議。

　　此處的關鍵有四。一是共識的形式是函電往返與各自
的口頭表述，而不是雙方共同簽署的單一文件。從國際法
上看，它的位階當然低於條約或協議，因為它不是單一文
件，也沒有共同簽署。但不可否認地，函電往返仍是「換
文」（exchange of notes or letters）的一種，國際間在近年
經常使用，以表達彼此對某些問題的共同看法，當然也具
有一定的政治約束力。所以論者可以批評它沒有單一文
件，但不能批評它沒有文件，或沒有共識。

　　第二個關鍵是「共識」乙詞。「共識」乙詞在中文應是外來語。它是英文 consensus 翻譯過來，在 1980 年代台灣多元化與民主化的過程中逐漸流行，並於 1990 年代傳入中國大陸。嚴格地說，它確實不是法律用語，但它卻十分簡單貼切地描述了前述「換文」兩造所表達的共同看法。所以 1992 年以後，我方官員與媒體不約而同地使用「共識」來說明 1992 年的共同看法。中共官方至 1995 年 4 月 28 日辜汪會談一週年時，也首度使用「共識」乙詞。顯見兩岸不僅有共識，並對「共識」乙詞的使用，也有共識。

　　第三個關鍵是「一個中國，各自表述」。誠如批評者所指出，這八個字確實不曾出現在 1992 年所代表的兩岸函電往返文字中。但任何檢閱過這些原件文字的人都可以看出，這八個字所代表的意涵正是 1992 年兩岸共識的精髓所在。本書所摘選的媒體報導顯示，自 1992 至 1995 年間，台灣媒體大量使用類似文字來描述這項共識。至 1995 年 8 月時任海基會秘書長焦仁和先生才首度使用「一個中國，各自表述」八個字。中共方面起先一直沒有否認這八個字，直到康乃爾訪問與飛彈危機以後的 1996 年 11 月才首次否認「一個中國，各自表述」共識，並指責我方違反一中原則。爾後四年間，中華民國各級官員均頻繁使用這八個字。以顯示我方並未違反一中或「一中各表」的共識，只是不

願接受中共對「一個中國」的片面定義。在政黨輪替前尚
有官員巧妙地把它比喻爲「白開水，喝了有益健康」。

關鍵四是共識的核心內涵。這又分兩部分：一是程序，
也就是各自以口頭方式表述立場。一是實質，這部分最重
要。我方當時已由國統會於 1992 年 8 月 1 日通過關於「一
個中國的涵義」決議，強調「海峽兩岸均堅持『一個中國』
之原則，但雙方所賦予之涵義有所不同」。而北京則強調
「堅持一個中國原則，不討論『一個中國』的政治涵義」。
這兩者有異有同。異在我方認爲「台灣與大陸都是中國的
一部份」，而北京認爲「台灣是中國的一部份」。換句話
說，我方堅持「對等」，而北京要求「主從」。而同者則
是兩岸均堅採一個中國原則。因爲有這個共同點，所以中
共對「台灣不搞台獨」有信心；而國統綱領的存在及秘密
管道的持續運作更強化了中共的這項信心。因此，雖然雙
方立場有重大差異，敵意猶深，但雙方一有共同點，二有
基本互信，三有各自需要，所以各自決定求同存異，轉由
較單純的事務性問題入手，展開談判，於焉揭開辜汪會談
及往後協商的序幕。

1995 年 6 月的李前總統康乃爾之行破壞了中共對我方
的基本信任，導致公開與秘密管道均被中斷。相對地，中
共過激的文攻武嚇也嚴重損害了我方對中共的基本信任。
因此，支撐兩岸「求同」的三支柱之一，即基本互信，已

去其一。同時，李前總統經過民選洗禮，大權在握，施政優先順序乃由對外開放轉為經營「內部改革」。中共方面也決定戰略性貶抑兩岸關係的重要性，轉而修補對美關係，強化「大國外交」。於是三支柱之二，即各自需要，亦已折損。至此僅剩國統綱領維持兩岸最起碼的共同點於不墜。中共既已無意繼續談判，故於九六年開始否認九二共識，並於江澤民訪美（1997 年）、柯林頓訪陸（1998 年）、中共取得戰略高度以後，才勉強同意海基會董事長辜振甫前往中國大陸訪問。

　　1999 年 7 月的「兩國論」摧毀了最後的這個基本共同點。「兩國論」的原創者本來就建議李前總統放棄「一個中國，各自表述」共識。1999 年 7 月「兩國論」初試啼聲，但礙於時勢，不得不收回。2000 年政黨輪替初期，懾於立基不穩，未敢輕舉妄動，僅能淡化處理。去年底立委與縣市長選舉前，才由陳總統率領陸海兩會片面推翻兩岸 1992 年達成的共識。

　　值得特別注意的是，扁政府推翻共識的決定，與中共在 1996 年以後否認共識的決定一樣，都是政治的決定，而不是學術研究的結論。如果是學術研究，本書資料充分證明共識的存在；其中關鍵性的原始文件與重要意見的談話更是早已公開，何必等到今天才經過「學術研究」赫然發

現當年竟無共識？中共否認在先，它的政治動機是：它覺得共識基礎已去三分之二，可以藉否認向台灣施壓。而扁政府推翻在後，因為它想徹底推翻「既有基礎」，重新建構「一邊一國」的架構。從程度上而言，台海兩岸否定當年共識的態度也有輕重之別。中共雖然否認九二共識，但因台灣方面仍採「一個中國」（雖然對其定義有不同表述），所以中共的否認仍留有餘地，也才會有 1998 年的辜汪上海會晤。但扁政府去年則是徹底推翻共識（如批評它「賣台」），不止是否認而已。更重要的，它表面上推翻「九二共識」，實際上推翻「一個中國」，不管這個「一個中國」如何表述（當年中共一貫的「台灣是中國的一部份」，或近年中共的「台灣與大陸同屬一個中國」、或國民黨執政時期的「台灣固為中國的一部份，但大陸亦為中國之一部份」）。至此情勢已很清楚，扁政府的公開主張是「台灣是主權獨立國家」。這句話的另一意涵是「台灣不是中國的一部份」。但是至今，除了呂副總統（2000.7.23）之外，扁政府官員多半不敢說這句話，因為它不僅公開衝撞了中共的一個中國原則，也違反了美國的一個中國政策。不論如何，現在兩岸的基本立場幾乎毫無共同點可言，各種公開跡象也看不出雙方有任何基本互信與平行的需要。1992 年底，促成雙方達成共識的各種環境因素與內外條件，幾乎都不存在。情勢實在很難讓人樂觀。

　　因為憂慮兩岸前景，希望能創造某個模糊概念，讓兩岸能在「一個中國」問題上解套，本人曾在 2000 年 4 月脫離公職前夕，創造「九二共識」這一個新名詞，企圖避開「一個中國」的四個字，並涵蓋兩岸各黨的主張。或許基於同一考慮，資深記者王銘義先生曾提出「香港共識」乙詞。海基會董事長辜振甫先生最近建議把九二年的 consensus，看做 consent（承諾、默許）或 accord（相同見解），應該也是基於憂國憂民的苦心。陳總統就任初期曾對外賓表示接受「一個中國，各自表述」，但隨即被陸委會否定，後來則接受某位美國友人建議，提出「九二精神」之說法。可惜他似乎只有「精神」，沒有內容，連陳總統自己都早已不提，別人更不知其意涵。

　　歸根究底地說，這些善意建議都是次要。重點還是兩岸有沒有一、各自需要，二、基本共同點，三、基本信任。有這三點，就像在 1992 年，就可達成「共識」（或用其他名詞）。不管「共識」內容多模糊，形式多麼非傳統，依然可以有足夠的政治動力，打破當時兩岸關係的冰凍狀態。準於此，今天兩岸官方恢復冰凍狀態，扁政府推翻九二年共識的部分，還是次要。最主要的還是雙方已幾乎無共同點、相互需要與基本信任。

　　中華民國政黨輪替後的兩年餘，全國經濟空前衰敗，社會瀰漫悲觀失望情緒。這種情況絕對與兩岸僵局的不斷惡化有關。本書的出版固然希望藉史實的還原，澄清「一個中國，各自表述」共識的歷史意義與貢獻。但我們更希望兩岸政府再度回顧那段難得的和解經驗，各自調整政策，重建互信，尋找共同點，重新回到「雙贏」的局面。

原文出處：蘇起、鄭安國主編，《「一個中國，各自表述」共識的史實》，台北：國家政策研究基金會，2006 年 9 月修訂五版，〈序言〉。

何謂「九二共識」

國政基金會國家安全組

　　一九九二年，因兩岸民間交流漸趨頻繁，有關兩岸文書驗證及共同打擊犯罪問題，亟待解決。海基會於九二年三月派代表赴北京與海協會首度協商，隨後兩會經數度函電溝通，決定在九二年十月二十八日在香港協商有關兩岸文書查證之協議。

兩岸協商卡在「一中」原則

　　在此之前由於中共已提出此項協議需以「一個中國原則」為前提，並要求在協議文中載入相關文字。海協會並提出五種方案。內中均載有「兩岸文書查證是中國內部的事務或「兩岸均堅持一個中國之原則」的文字。對於海協會提出的五種方案，我方均認為無法接受，但是也體認到如果不就「一個中國原則」加以處理，恐怕無法突破僵局，建立若干交集，以解決兩岸間許多亟待解決的問題。因此乃一方面思考我方對策，另一方面由國家統一委員會對一個中國的涵義預作解釋，作為我方基本立場。

　　於是，國統會於九二年八月一日通過「關於『一個中國』的涵義」。其中最重要的是第一點：「一、海峽兩岸均堅持『一個中國』之原則，但雙方賦予之涵義有所不同，中共當局認為『一個中國』即中華人民共和國，將來統一後台灣將成為其轄下的一個『特別行政區』。我方則認為『一個中國』應指一九一二年成立迄今之中華民國，其主權及於整個中國，目前之治權，則僅及於台澎金馬，台灣固為中國之一部份，但大陸亦為中國之一部份。」

雙方提出處理「一中」問題方案

　　另針對中共所提之五項方案，我方反覆研酌，提出五種對案，授權海基會於會談中酌情提出。海基會方面根據與中共交往之經驗與體認，將陸委會授權的五種表達方案，酌加修正為三種，並獲陸委會同意，這三種表達方案是：

一、鑑於中國仍處於暫時分裂之狀態，在海峽兩岸共同努力謀求國家統一的過程中，由於兩岸民間交流日益頻繁，為保障兩岸人民權益，對於文書查證應妥善加以解決。

二、海峽兩岸文書查證是兩岸中國人間的事務。

三、在海峽兩岸共同努力謀求國家統一的過程中，雙方雖均堅持一個中國的原則，但對於一個中國的涵義，認

知各有不同。惟鑒於兩岸民間交流日益頻繁，為保障兩岸人民權益，對於文書查證，應加以妥善解決。

當年十月二十八日，雙方由海基會與海協會代表在香港商談。在商談的過程中，雙方各依序提出表達方案，反覆折衝。我方並鑑於對「一個中國」問題難有共識，乃授權海基會以各自口頭表述方式，以解決此一問題。海協會代表對此提議未表接受，中止商談。我方代表則停留至十一月五日，見海協會代表無返港續商之意願後，才離港返台。

海基會致函海協會主張各自口頭聲明表示

海基會並於十一月三日發佈新聞稿表示：「海協會在本次香港商談中，對『一個中國』原則一再堅持應當有所表述，本會經徵得主管機關同意，以口頭聲明方式各自表達，可以接受。至於口頭聲明的具體內容，我方將根據『國家統一綱領』及國家統一委員會本年八月一日對於『一個中國』涵義所作決議，加以表達。」同日，海基會致海協會函中亦表達完全相同之意見。海協會孫亞夫並於是日致電海基會秘書長陳榮傑，表示尊重並接受海基會之建議。

海協會回函表示尊重及接受

隨後，海協會於十一月十六日致函海基會表示：「在香港商談中，海基會代表建議，採用兩會各自口頭聲明的方式表述一個中國的原則，並提出具體表述內容（見附件-即海基會第三案）。其中明確表達了兩岸均堅持一個中國的原則。……十一月三日貴會來函正式通知我會表示已徵得台灣方面的同意，以口頭聲明的方式，各自表達。我會充分尊重並接受貴會的建議，並已於十一月三日電話告知陳榮傑先生。……現將我會擬作口頭表述的要點函告貴會。『海峽兩岸都堅持一個中國的原則，努力謀求國家的統一，但在海峽兩岸事務性商談中，不涉及『一個中國』的政治涵義。本此精神，對公證書使用(或其他商談事物)加以妥善解決。』」

達成共識後才啟動辜汪會談

海協會十一月十六日來函後，我方尚未回函，海協會即於十一月三十日再度來函，希望早日實現「汪辜會晤」，並建議於十二月上旬進行預備性磋商，十二月下旬實現「汪辜會晤」（事實上預備性磋商及辜汪會談，均至九三年四月上、下旬才舉行）。

根據以上的過程，我們認為九二年兩會會談的結果是兩岸一項重要的共識，這項「共識」應包括下列三點：

一、對「一個中國」原則，用口頭聲明方式各自表達。即
　　一般簡稱的「一個中國，各自表述」或「各自表述，一
　　個中國」，是我方提出，並獲得中共接受，並因之開展
　　日後的辜汪會談。因此應該說是兩岸間的一項重要的共
　　識。

二、我方表述的內容包括海基會第三案、國統綱領、及「一
　　個中國的涵義」。對此，中共方面已表認知。

三、海協會也在「一個中國，各自表述」的共識原則下，
　　提出他們的表述內容。

　　　以上就是「一個中國，各自表述」的九二共識。在一
九九五年六月，中共宣佈中斷兩岸兩會協商前，北京並未
否認這項共識。而中國國民黨則自始至今均一貫主張，九
二共識代表兩岸對立五十年來唯一的政治妥協，更是兩岸
關係「既有基礎」的重要成分，值得各方重視與維護。

原文出處：本文原刊於國政基金會網站，國安（析）090-001
號，民國90年（2001年）9月6日。

第二部分
一中各表的呼籲

《聯合報》
中華民國九十九年
感恩系列

中華民國主論述：
辛亥革命或二二八
《中華民國九十九年感思》六之一

　　明天是中華民國九十九年元旦，就此邁向中華民國一百年。

　　中華民國這樣的國家，是古今中外絕無僅有的一例。甲午戰敗後大清割讓給日本的台灣，在二戰後回歸「慘勝」的中華民國；光復的浪漫幻夢剛因二二八而破滅，轉眼中央政府又因內戰「慘敗」而播遷台灣。六十年來，古寧頭、八二三的砲火沒有擊敗台灣，外交的窒息也辛苦熬過，經濟則從靠米糖樟腦出口到今天名列已開發國家，政治更從戒嚴白色恐怖臻至總統直選、政黨輪替的自由民主體制；尤其重要的是，縱然兩岸大小強弱懸殊，但兩岸分治也從「解放台灣/反攻大陸」，轉變到「維持現狀」、「和平發展」。時至今日，中華民國已然進入九十九年，在台灣的中華民國是新興國家經濟發展與民主政治的範例，在大陸的中華人民共和國也從卅年浩劫的血淵骨嶽中轉變為舉世議論的「和平崛起」的話題。準此以觀，中華民國之例是古今中外絕無僅有，中華人民共和國之例亦然，台灣海峽

雙邊的競合關係之例亦是。

中華民國已經邁向一百年，卻在國家意識上仍是一個羸弱與分裂的國家。國家不怕小，國勢不怕艱難，只要國家意識鞏固，就會有認同感、使命感與光榮感。然而，現今國人共同的感受卻是，內部的撕裂敵對，遠比外部的侵凌更傷害國家。中華民國立國已經九十九年，在台灣也已逾一甲子，我們還要繼續作一個認同分裂的國家嗎？

若依本文的題旨而言，我們認為，中華民國國家認同的分裂，是緣自「辛亥革命論述」與「二二八論述」的分裂。辛亥革命論述認為：中華民國是中國的傳承，三民主義所主張的「民族/民權/民生」是中國政治經濟的願景與策略，台灣的命運及使命是在導正中國的發展方向。化約而言，就是欲以台灣為槓桿來導正中國，而台灣亦以槓桿的功能來維持兩岸和平。二二八論述則認為：中華民國是台灣的政治負債，中華人民共和國的卅年浩劫更使得「中國」成為政治災難的同義詞，台灣不要中華民國，更不要中華人民共和國。化約而言，這就是台獨主張的「台灣中國/一邊一國」。

在中華民國，六十年來的歷史動線顯示，辛亥革命論述因二二八論述的影響，而儼然呈現一個 N 型的轉折。早年，由於內外情勢危殆，再加上戒嚴統治，辛亥革命論述在台灣久居壟斷地位（這是 N 的向上左線）；後來，因退

出聯合國及台美斷交，中華民國在外交上撐持不住（骨牌效應）、內部的挑戰自中壢事件引爆（破窗效應），再加上大陸四人幫的惡行因毛澤東死而公開，震撼了台灣民心（惡鄰效應），以致藉二二八論述為主體的台獨訴求急遽上升（中華民國論述因而轉入Ｎ的下斜線）；此後，再經李登輝與陳水扁十餘年的台獨操作，台獨在理論與實踐上皆告失敗，中華民國與辛亥革命的論述又有回升的跡象，一年半來，以「九二共識/一中各表」為主軸的兩岸互動，即可視為Ｎ的上升右線。

　　二二八論述是要處理兩個課題：一、欲使台灣實現本土化的民主政治；如今此一目標已經達成。二、欲藉此鼓吹台灣獨立，與中國切割，以解決兩岸問題；這卻是二二八論述不可能做到的。經歷數十年的激盪，目前的情勢是：中華民國論述已經包羅含蘊了二二八論述的本土民主化主張，但二二八論述不可能取代或否定中華民國在處理兩岸課題上的角色及地位。

　　就當前趨勢來看，時空架構愈往未來發展，台獨二二八論述對台灣的支配力將愈弱，而中華民國的主導性將愈大；中華民國在兩岸角力間的重要憑藉，則正是辛亥革命論述。這樣的說法，現在也許聽起來覺得迂闊，但台灣早晚將體會其在兩岸間最大的優勢正在此點。前述那條Ｎ型

的動線，進入右側上升後，不可能再返折。

　　辛亥革命其實是人類歷史上最壯烈的民主革命。美國革命（獨立戰爭）是殖民地對宗主國的革命，法國革命是對王權與貴族階級的革命；辛亥革命則主要是因列強魚肉中國而激發的革命；其悲壯、英烈、正大，開創了亞洲第一個民主共和國，絕非五月花號或巴士底獄等象徵所能匹比。但是，一九四九年，中華人民共和國襲奪了辛亥革命，中華民國被驅逐到台灣；辛亥革命遂在國共內戰中，被貶抑甚至被塗抹掉了。

　　然而，今日在前述的 N 型動線中，孫中山及辛亥革命這類的政治理念儼然可能成為海峽兩岸主要的交集點，而共同走向 N 型右側的上升動線之中。孫中山巨像仍是中華人民共和國六十周年國慶典禮上的政治號召；代表其國慶主旋律的「建國大業」影片中，毛澤東開場的台詞是：「我與蔣（中正）先生，皆是中山先生的門徒。」尤其，北京當局已經宣布，將擴大紀念辛亥革命一百年，明顯地欲以辛亥革命來修正、補充其統治的正當性。當海峽兩岸今日共同回顧鴉片戰爭以來的民族屈辱，並反省這六十年分裂分治後各自的是非對錯，現在還能一同想到孫中山，還能一同想到辛亥革命武昌起義，而且看起來北京比台北對孫中山及辛亥革命更在意，則台灣內部因辛亥革命論述與二二八論述而造成的國家認同分裂，如今是否已到了療傷止

痛的時刻？

　　辛亥革命論述在 N 型左側動線時，中華民國是以戒嚴
體制建立其壟斷地位，中華人民共和國則對其幾乎完全否
定；但如今辛亥革命論述走到 N 型右側動線時，兩岸在「完
全民主」與「改革開放」中已經多有交集，天安門廣場的
孫中山巨像即是重要象徵。面對中華民國一百年，海峽兩
岸若能在辛亥革命精神與孫中山志業中找到更多交集點，
兩岸未來應當會有更多的相互善意，並有可能發展出雙贏
共生的共同憧憬。

　　預祝中華民國白歲生日快樂。但願國人能在辛亥革命
論述與二二八論述的糾纏中，找到立國的智慧與力量，使
我們能夠成為一個有理想、有尊嚴、有使命感的快樂國家。

原文出處：《聯合報》，民國 98 年 12 月 31 日，第二版。

兩岸關係：「合理的過程」與「改良之目的」

《中華民國九十九年感思》六之二

　　中華民國邁向一百年，可爲中華民國增添許多意義。台灣主流社會該如何看待中華民國？台獨人士對中華民國的見解是否照舊？中華人民共和國對中華民國的看法該不該調整改變？

　　中華民國的處境受兩岸情勢的制約，中華民國的治亂也受兩岸互動的影響，但中華民國的成就與意義卻亦有一大部分建立在兩岸的競合關係中；這些皆是本系列社論將嘗試探討的題目，明天起將有分論。至於今日本文要做的工作，則是欲將本報近二十年來對兩岸互動所提出的一些思考架構作一概略整理呈現，俾爲後繼討論的參照。

　　我們認爲，兩岸關係近年來的最大改變，是由「目的論」，轉變成「過程論」。「目的論」就是咬定統一或獨立之「目的」，逐致爲了目的而不惜採取惡劣的手段，甚至訴諸武力；相對而言，「過程論」就是降低「目的」的凸顯性，強調以合理化的過程來累積實現目的之條件，甚且因而修正或改良目的。二○○五年，連胡會標舉的「和

平發展」架構，即可看成是爲「過程論」敲了定音錘；兩岸皆應注意，「和平發展」這個概念已與「和平統一」之「目的論」有極重要的差異。

　　至於兩岸應當如何處理雙邊互動的「過程」，我們曾經提出「筷子理論」。一雙筷子不能綁在一起（統一），若綁在一起筷子就失去功能；也不能兩隻筷子分開兩處（獨立），分開了也失去功能。一雙操作中的筷子，其功能建立在有些地方合，有些地方分。準此以論，直航或ＥＣＦＡ皆是「合」，而如今兩岸在政治上的必要區隔則是「分」。這也是海峽兩岸與東西德最大差異之處，我們曾指出：柏林圍牆既倒，東西德必須立即面對；但一衣帶水的台灣海峽卻是「可分可合」的「兩可介面」，遂成全了「和平發展」的機遇。

　　欲使兩岸維持「筷子理論」的互動，其前提是必須承認政治現狀及維護政治現狀；因爲，否認現狀是「目的論」的策略，「過程論」則必須建立在現狀上。由此而引申出來的觀點是「杯子理論」。台灣若是水，中華民國則是杯子；杯在水在，杯破即須面對一攤覆水。北京當局從二十年前主張「中華民國已經滅亡」，改版到今日的「維持現狀」，即可說是領悟到「杯水合體」才是維護兩岸關係和平發展的要訣。若沒有中華民國這只「杯子」，兩岸關係

的不確定性及災難性皆可能急遽升高；若沒有中華民國這只「杯子」，兩岸之間一切的「過程」皆失去依託。

再進一步談「過程論」。所謂「和平發展」的「和平」二字，其實仍是「目的」，而非「過程」；欲達成「和平發展」（目的），在實踐中即必須講究「民主發展」（過程）。現在若要對兩岸的終極關係設定一個「目的」，則此一「目的」也不應當以「誰吃掉誰」為「目的」；換句話說，此一目的之形成過程與目的之最後實現，皆必須有足以號召民心的內涵。因此，若謂「和平發展」是目的，則「民主發展」既是過程又是內涵。因為，不民主，就不可能有和平。我們曾經主張「統一公投」，可說即是將「和平發展」與「民主發展」結合而成的概念。

當然，兩岸既啟動密切的「互動」過程，終究會面對「目的」的問題。這或許是相當久遠以後的課題，但若完全沒有「目的」的想像，就不可能維持合理的「過程」。此處可以提出的概念是「屋頂理論」，此一概念並非本報所創制，但我們認為或許是有朝一日面對「目的論」時的可能方案。此一方案的主體架構，是將中華民國與中華人民共和國視為兩個房間，「一個中國」則是在二者之上的屋頂，亦即是「上位概念」或「第三概念」。「屋頂理論」可視為「杯子理論」的延伸；無「杯子理論」，即無「屋頂理論」。例如，邦聯即是屋頂理論。而倘若「屋頂理論」

可視爲可能採行的「目的論述」，則此類目的似可視作「改良之目的」或「改善之目的」。

前文曾說，中華民國的成就與意義有一大部分是建立在兩岸的競合關係之中；而更露骨的說法則是，中華民國的興衰存亡亦有一大部分寄託在兩岸競合關係之中。所以，對中華民國而言，正確及正面地處理兩岸關係，誠爲重大的國家戰略。中華民國的主流社會應有此種認知，台獨人士亦應有此種覺悟。

據此以論，淡化「目的論」，強調「過程論」，應是兩岸競合互動的主軸思維。其實，合理化的「過程」，本身即是「目的」；倘能不斷累積許多合理的「短程/中程」、「一部分/一方面」的「小目的」，最後就有可能逐漸形成一個改良改善的終極「大目的」。反過來說，惡劣的「過程」，絕不可能生出善良之「目的」。「筷子理論」與「杯子理論」，即是兩岸以「合理過程論」邁向「改良目的論」的主要憑藉；中華民國應善加把握，中華人民共和國亦然。

原文出處：《聯合報》，民國 99 年 1 月 1 日，第二版。

許三個願：一中各表、
亞太平台、可敬的民主

《中華民國九十九年感思》六之三

　　在民國九十九年元旦爲中華民國許三個願，我們的祝願是：一中各表、亞太平台，與可敬的民主。

　　先談可敬的民主。就兩岸的競合關係言，中華民國在軍事及經濟上皆面對不言可喻的消長情勢，而唯一可能維持相對優勢及光榮感的就是民主政治。對台灣自身而言，民主政治非但是政治理想的實踐，亦是欲維持國家治理的唯一可行方案，除了民主政治以外，沒有其他體制能治理中華民國這個內外情勢如此複雜的國家；再就兩岸關係而言，民主政治亦是在台灣漸無軍事均衡及經濟優勢可資依恃的趨勢下，唯一能藉以平衡兩岸競合關係的政經體制。這是蔣經國爲兩岸關係留下的最珍貴的資產，他一手解嚴實施民主，一手開放兩岸交流；一方面使台灣人民藉民主機制操持了兩岸關係的最後話語權，另一方面亦使北京不得不面對台灣的民主機制。正如昨日社論所言，兩岸關係若要「和平發展」，就應當是「民主發展」。

　　然而，這樣的論述若欲成立，卻須附加條件始能支撐。

簡約而言，台灣若能實現一個可敬的民主政治，即可視為在兩岸競合關係中的主要優勢；可以感染十三億人的同理心，而成為兩岸共同珍惜的政治文明指標。例如，馬英九當選總統、陳水扁被起訴判刑，這類民主政治的「奇蹟」，皆在大陸民心留下深刻印象。

但是，無可諱言台灣的民主政治也有沉淪墮落的危機，使整個國家陷於內耗空轉的泥淖中；多數民眾的心智常被少數政客炒作的雞零狗碎、烏煙瘴氣的話題所障蔽，對兩岸與世界的巨變及國家的危機皆茫然無知。這樣的民主政治如何能成為兩岸政治文明的指標？反而可能受對岸人民所質疑輕視；這般因民主而陷於內耗空轉的台灣，更易為北京當局所乘。民主政治已是台灣在兩岸競合關係中可能存在的唯一優勢，不能坐視其變質，尤其不可使台灣人自己也對民主失去了光榮感與自尊心，而生疏離。

再談一中各表。馬政府就職後，兩岸關係巨幅調整；一方面已是不得不然，另一方面也受到主流民意的肯定。如今的問題是，馬政府無論對內及對北京，皆尚未建立起明朗的論述體系。這使得內部意見紛亂如故，而對岸也持觀望態度。就此而言，一中各表是唯一方案。對台灣，非一中各表，不能維持治理（即昨日社論所說的「杯子理論」）；對大陸，非一中各表，不可能有「和平發展」（即

「過程論」）。目前的障礙有二：一、台獨說，北京不承
認一中各表。但我們想對台獨說：各位應當自己先承認中
華民國。二、北京只說九二共識，不說一中各表（唯在布
胡熱線中說過）。但胡錦濤的「和平發展／維持現狀」，
其實皆可視爲「一中各表」的體現，且北京亦迄未公開否
認馬政府主張的一中各表；北京若撕破這層窗戶紙，就不
會再有「杯子理論」、「過程論」或「和平發展」可言了。
無論對內對外，台灣朝野皆應協力維持「一中各表／雙贏
共生」的國家生存戰略。如果北京懷疑，應努力使其認知
其中的互利；如果台獨反對，應當告訴他台灣別無生路。

　　最後談亞太平台。台灣必須在兩岸及世界的巨變中立
足，但「民主」不能當飯吃，「一中各表」也只是不打破
盛水的「杯子」而已；台灣欲在政治及經濟上站得住腳，
必須努力朝「亞太平台」、「自由貿易島」的方向發展；
此點我們在二十年來經年累月、成篇累牘地呼喊主張，在
此除了又生時機流逝的悲憤以外，已經無話可說。

　　民主沉淪、國家認同分裂，與亞太營運中心的幻滅，
這是李登輝與陳水扁所留下的政經廢墟。邁向中華民國一
百年，我們還在爲要不要台獨而內耗嗎？還在爲應不應走
向開放經貿而空轉嗎？還要把我們血汗營造的民主政治糟
蹋得如此親痛仇快嗎？

　　爲中華民國許三個願：一中各表、亞太平台、可敬的

民主！

原文出處：《聯合報》，民國 99 年 1 月 2 日，第二版。

民進黨能在民國一百年
告別台獨嗎？

《中華民國九十九年感思》六之四

　　中華民國的生存發展有兩大威脅。一是外在的中華人民共和國，欲消滅、併吞或統一中華民國，此點明日再論。另一威脅是內在的台獨因素，欲正名制憲以另建新而獨立的國家，這則是本系列社論今日的題目。

　　日前社論指出，台獨的政治目標有二：一、實現本土化的民主政治。二、解決兩岸問題。然而，由於世界、兩岸及台灣的主客因素皆已產生了結構性的無可反逆的巨變，台獨大概已無可能作為解決兩岸問題的方案；尤有甚者，由於台獨因素迄今仍然寄寓在民進黨中，更使得台灣的民主政治難以正常運作。現今的台獨，漸已成為徒然撕裂國家社會的政治內鬥工具而已；它不可能成為對抗中華人民共和國的可行戰略，更已成為羈絆民進黨以致羈絆了整個台灣民主政治運作發展的嚴重障礙。

　　台獨人士常說：「台灣是一個主權獨立的國家，不論其名字叫做台灣或中華民國。」這是一種偷梁換柱的虛妄論述。其實，無論在法理上或現實上，所謂「不論其名字

謂何」的說法皆是不成立的。真相是：有哪一部憲法說這個國家的名字叫做台灣？再說，如果中華民國被顛覆消滅，台灣果有可能變成台獨所憧憬嚮往的那個新而獨立的國家嗎？

台獨雖在兩岸間仍有「黑臉」的角色可扮，但已無可能作為解決兩岸問題的主軸方案。這尚不是台獨對台灣造成的主要困擾，因為台獨在兩岸議題上已是必趨邊緣化；真正嚴重的問題是在：台獨儼然已經摧毀了台灣民主政治的兩黨平衡關係，使民主制衡與政黨輪替皆難正常運作。

台獨因素曾是台灣民主化的重要動力之一，而推動台灣民主化亦是民進黨發跡的主因；但是，在世界、兩岸及台灣的主客因素皆生巨變的今日，台獨卻綑綁住了民進黨，而又因民進黨被台獨所綑綁，所以台灣民主政治的正常運作也被民進黨所羈絆。主要的原因是：台灣安身立命的主要課題在兩岸關係，但台獨已無可能成為處理兩岸關係的主軸方案，則民進黨如今因台獨而成為一個跛腳政黨，豈是意外？

對台灣而言，台獨是一種「能破／不能立」、「有撕裂/無整合」的政治論述。對照昨日本系列社論的「許三個願」，二十年來，李登輝與陳水扁的台獨操作，除了撕裂國家認同、摧毀亞太營運中心的憧憬，及造成內耗空轉的

「民主」以外，台獨給了台灣什麼？民進黨執政八年，嘗試操作台獨，而終於以台獨毀了台獨；至於陳水扁後來演出的「割台獻美」，亦不能視爲陳水扁一人的愚妄，而其實也是反映了台獨論述本身的虛無。然而，作爲台灣兩大政黨之一的民進黨卻被台獨綑綁住，台灣的政黨政治如何不失衡失能？主流社會的疑慮是：因爲台獨不是台灣的出路，所以不能以主張台獨的民進黨作爲台灣的政治指南針。

在陳水扁主政期間，我們即曾指出：「民進黨回歸中華民國，是中華民國憲政工程的最後一哩。」民進黨主張台獨，使台灣的主流社會在政黨政治中失去了一個相對的選擇；而民進黨亦被自己幾十年來所「製造」的台獨民粹因素所挾持，以致不能脫胎換骨。故而，在世界及兩岸的大變局中，此一台灣民主政治的大僵局，已然成爲台灣生存發展的大危機；不化解這個危機，台灣的政黨政治不可能回復平衡，而台灣亦不可能以整合的社會來迎對世界及兩岸的大變局。

幾十年來，台灣處於「中華民國」與「台灣國」的撕裂之中。中華民國曾以八年的政權交給主張台獨的民進黨，可謂是中華民國包容了台獨；但畢竟世界與兩岸的巨變已無可反逆，國人恐怕難以想像民進黨若仍主張台獨而仍能贏得中華民國的政權，或民進黨若再贏得政權後仍主張台獨。總之，台獨最大的問題，已不在其不能解決兩岸

問題，而在它已使政黨政治及民主政治內耗空轉、失衡失能。

　　民進黨是否揚棄台獨其實不是重點，但民進黨仍然操縱著相當的社會資源而使民主政治失衡失能，這卻足以對台灣造成致命的傷害。中華民國已然邁向一百年，民進黨願否以告別台獨來作為獻給中華民國的百歲生日禮物？

原文出處：《聯合報》，民國 99 年 1 月 3 日，第二版。

一中各表・杯子理論・屋頂理論

《中華民國九十九年感思》六之五

鄧小平以「一國兩制」流利地處理了香港問題，這應是歷史上答得最好的政治考卷之一。如今，胡錦濤藉二○○五年「連胡會」，對兩岸關係提出的「和平發展」，或許有可能超越鄧小平。因為，台灣的考題比香港難得太多。

原本，北京認為「一國兩制」是一帖萬靈丹。香港好用，也想用在台灣，但顯然藥不對症。畢竟，中華民國的青天白日滿地紅國旗與香港的紫荊花旗不同；中華民國直選總統，香港連特首亦非直選。過去二十年，兩岸互動陷入嚴重僵局，固然是李登輝與陳水扁的台獨操作所致，但北京方面一向欲以「一國兩制/和平統一」橫柴入灶，亦是主因。一直到了胡錦濤提出「和平發展」，事態始有轉機，兩岸情勢亦告豁然開朗。若以本系列的用語來說，「一國兩制/和平統一」是「目的論」，而「和平發展」是「過程論」。由於「和平發展」出台，使得齒輪卡死已久的兩岸關係恢復運轉。

自江澤民以來，北京逐漸形成「維持現狀」的論述，

包括「現狀就是見之於台灣現行規定及文件的現狀」、「雖然尚未統一/仍是一個中國」等，在論述演變的過程中，「和平統一」的說法雖未完全消失，但已大幅降低出現頻率，取而代之者就是胡錦濤的「和平發展」。「和平發展」這個概念是出自「維持現狀」，現在又回過頭來成為「維持現狀」的主要支撐。

北京未曾將「現狀」說清楚。但維持現狀的必然前提，即是維持中華民國；因為，中華民國即是「現狀」，無中華民國即無「現狀」。所以，所謂「和平發展」，必然引申出來的潛台詞就是：在中華人民共和國和中華民國的現狀下，以和平的手段及目的，進行兩岸互動發展。此一景觀，其實就是「一中各表」，雖然心照不宣。

為了節省篇幅，我們要從「維持現狀」跳躍到「一中各表」。對中華民國而言，若非「一中各表」，即不可能「維持現狀」；對北京而言，若否定「一中各表」，即不可能「和平發展」。在現階段，「一中各表」是台灣力爭而北京未公開否認的概念；假設沒有這個若隱若顯的「一中各表」，兩岸現在運作的互動架構即失依託。

從本系列社論的觀點來看，「一中各表」是可以貫通「杯子理論」與「屋頂理論」的概念。因為，杯子理論是一中各表，屋頂理論也是一中各表。再以社論語言來說，

一中各表也是可以貫通「合理的過程論」至「改良之目的論」的概念。北京即使暫時不願在口頭上承認「一中各表」，但千萬不可輕易否定；因爲「一中各表」是想像中最能貫通「過程」與「目的」的概念，且運作起來代價最小，而成就的可能性卻最大。

往前面看，兩岸關係需要一個「很長」的競合過程，「很長」這個「引號」，是強調其時間一定很長，且必須很長。爲了確保在這個「很長」的競合演化中，能有「合理的過程」，並能創造「改良之目的」，「一中各表」應是唯一的可行策略。「一中各表」，是化異求同；同與異的交替，就是筷子理論。一中各表，亦可守可進；守是杯子理論，進則是屋頂理論。雖然兩岸承認「一中各表」的程度不同（北京僅在布胡熱線承認一次）；但在目前及可見之未來，主導兩岸互動的主要默契就是「一中各表」。所謂「九二共識／和平發展」，或「維持現狀和平發展」，就是「一中各表／和平發展」。

雖然，一中各表暫時不易成爲北京的公開政策；卻已存在於默契及局部的實際體現中。所謂「維持現狀」、「和平發展」、「雖然尚未統一/仍是一個中國」，其實皆可視爲「一中各表」的引申語或替代詞。兩岸之間，曾從「解放台灣」、「反攻大陸」、「中華民國已經滅亡」等相互詛咒，演化至今日的「雙贏共生」；那麼，另日「一中各

表」若從潛台詞變成定場詩，亦不令人意外。

　　畢竟，兩岸分裂分治六十年來的歷史演化在在證實：思想會從狹窄變到寬闊，意境會從淺陋變到高遠。思想變了，意境也變。一句「和平發展」啓動了交流齒輪，亦寄望一句「九二共識／一中各表」共創雙贏。

原文出處：《聯合報》，民國 99 年 1 月 4 日，第二版。

百年輪迴：兩岸共同回歸辛亥革命及孫中山的起始點

《中華民國九十九年感恩》六之六

　　中華民國宣布將熱烈慶祝一百周年國慶，中華人民共和國則宣布將擴大紀念辛亥革命武昌起義一百年。一時之間，彷彿將時光拉回一百年前。

　　拉回一百年前，這不只是一個比喻，更有相當的寫實意味。一百年前，辛亥革命總結了鴉片戰爭以來對「救國／救民」議題的探討，創建了亞洲第一個民主共和國——中華民國。這與中國歷史上所有的改朝換代不同，中華民國是建立在「民族/民權/民生」的義理之上。

　　百年以來，中華民國經歷內憂外患，長話短說，最後在今日的台灣實現了百年前想像的民主政治及相對均富的民生；其間經歷的國共內戰，以「中國往何處去」為鬥爭主題，而致在六十年前形成了兩岸分裂分治的局面。此後，中華人民共和國歷經了人民公社、文化大革命等重大的「試誤過程」（也須長話短說），如今在「改革開放」上有了舉世矚目的成績；而「改革開放」的作為，如本系列首篇所論，可以說比較接近辛亥革命的主張，而已與六十年前

的無產階級革命，及四十年前的文化大革命分道揚鑣。

　　對於「和平崛起」的中華人民共和國來說，已經面對且勢須處理的問題是：六十年前，先有了一套意識形態，卻走錯了路；未來，路好像漸漸走對了，但是卻須回過頭來處理那一套已證實為錯誤的意識形態。直至去年中華人民共和國六十周年國慶，胡錦濤仍揭櫫馬克思主義及毛澤東思想，不啻是欲將已經放腳為天足的中國，再強塞回那只裹腳鞋裡。辦得到嗎？行得通嗎？

　　據此以論兩岸關係。今後的兩岸關係，已無可能再回到「武裝內戰」的狀態，而是必須面對「中國」應當採行何種政經制度，及「中國人」應有何種生活方式的大議題。這正是百年前辛亥革命的議題，兩岸經歷六十年的競合互動，並各自付出了重大代價後，會不會覺得：如今彷彿又回到了百年前辛亥革命的起始點上，共同面對的課題不外就是孫中山所說的：民族、民權、民生？

　　中華人民共和國當局或許暗自心喜，因為近年來「改革開放」的成就舉世稱譽。甚至有人說，連福山的「歷史終結說」也因中國的表現而動搖（福山認為，民主政治及自由經濟是人類最佳及最後而不可超越的體制）；不過，「改革開放」雖屬一個變體，但其根本的機轉仍是以民主（民本）及自由來解放人性及民力，談不上是發明或超越。

何況，改革開放及和平崛起能有今日成績，主因是鄧小平及胡錦濤等掌舵者的表現優異；這類的政績主要是建立在「開明專制」的聖君賢臣之上，而絕不是什麼「有中國特色的社會主義」的成就。一旦世局國情轉入另一階段，或萬一出現一個不肖的掌舵者，這類政經成就可能在幾年之間即可翻覆。所以，對中華人民共和國而言，重新回歸到辛亥革命的起始之處，或許才能找到國家與人民最終的歸趨。

　　二十年前，中共當局常說「摸著石頭過河」。然而，到了今日，應當已有居高臨下的全局視野，不必再摸著石頭也知應當何去何從了。中華人民共和國當前的處境有如三個同心圓：內層是中國大陸的「和平演變」（是指主政者主動操作引導的民主演變，如蔣經國模式），中層是兩岸關係的「和平發展」，外層則是面對國際的「和平崛起」。三者必須相輔相成，不能相牴相剋。例如，若以「非和平方法」處理兩岸，即影響對外「和平崛起」；若不能引導內部「和平演變」，「和平崛起」將如在沙上築塔。

　　中華民國一百周年了，中華人民共和國應當站在這同心圓裡思考兩岸關係；亦即兩岸關係的「和平發展」，應當與內部的「和平演變」與外部的「和平崛起」相互對應。不能再有「誰吃掉誰」的想法，難道能用武力消滅一個民主政體中華民國嗎？也不必想像「一國兩制」，難道不能

為「中國」找到一個兩岸人民皆一體認同的政經體制嗎？
辛亥革命後，國共兩黨皆欲以武力強使對方接受自己的政
經主張；但是，那樣的悲劇愚行不可再演，今後應當以真
實具體的政經成就，在兩岸競合互動中，來說服對方，感
動對方。這樣的「過程論」，對雙方皆是一種激勵；經由
此種「合理過程」而達成的「改良目的」，始有順天應人
的正當性。

　　若能站在這個高度看兩岸關係，就能善良與真誠，就
有建設性，而少破壞性。過去我們曾說，不要「引君入甕」，
而要「與卿共舞」；就是認為，兩岸勿再陷於爾虞我詐的
騙術與鬥爭中，而應共同協力以善良與真誠為人民建立正
大的政經體制。這一代的兩岸領導人，其見識胸襟不但應
超越蔣介石、毛澤東，也應超越蔣經國與鄧小平；相對而
言，今日的兩岸人民，當然不再是清末民初那樣的貧愚交
加，也已不像戒嚴時代那般不由自主，亦不像文革時代那
般沒有自我。兩岸朝野何妨一同回歸辛亥革命的基準，共
同致力於辛亥革命百年後仍未完全體現的政經體制。

　　倘能作如是觀，則在前述的那三個同心圓中，兩岸關
係無疑是一個關鍵的介面角色。向內層的同心圓顯示，中
共不會扼殺一個民主體制；對外層的同心圓表示，中國將
在民權及民生的普世基準中和平崛起。這應當是合理可行

的兩岸方案，也是回歸到辛亥革命的百年憧憬。

中華民國一百年了，倘若中華人民共和國認爲這是「一部分中國」的喜慶，應當給予善良與真誠的祝福。這一句祝福即使說不出口，在兩岸以辛亥革命及孫中山爲共同傳承的交集下，心照不宣即可。

原文出處：《聯合報》，民國99年1月5日，第二版。

第三部分

一中同表才能為兩岸和平發展奠定基石

張亞中、謝大寧、黃光國
兩岸統合學會

六問《聯合報》系列

「一中各表」不宜作為
國家戰略基礎

六問《聯合報》之一

　　從去年歲末開始，《聯合報》連續以六篇社論，論述了目前台灣最核心的政治問題，也就是兩岸問題以及由之所帶起的內部整合與國家願景的問題，並清楚地表達了報社的立場。對於媒體願意以如此的篇幅，來論述這麼重要的問題，我們當然表示敬佩；而由於《聯合報》的表述，與馬總統的元旦講詞，乃至國安會所屬智庫的負責人趙春山教授在元旦的文章，其論點有著驚人的一致性，因此這些觀點也就特別值得重視與評論。

　　《聯合報》認為兩岸目前採行的政策，都刻意抑低了「目的論」的位階，暫時避免提及統一問題，而改以強調「過程論」的「和平發展」為主軸。對於這一觀察，我們是同意的。如果我們沒有理解錯誤，《聯合報》這六篇社論希望以「一中各表」做為國家戰略基礎，一方面為藍綠紅三大政治力量找到交集，另一方面為做為「和平發展」的核心論述。

　　在《聯合報》看來，只有以「一中各表」作為基石，

才能真正奠基在現狀的基礎上，爲兩岸鋪平和平發展的道路。這也就是說，《聯合報》以爲應該努力說服大陸接受「一中各表」，如此一來，中華民國體制就可以獲得確保，並對內吸納民進黨，化解台獨的破壞性，對大陸而言，也開闢一條讓中華民國重新得以參與締造新中國的道路，然後也才有可能讓「過程論」接軌到「目的論」之上。

很顯然的，這樣一套論述不只是《聯合報》的立場，如果我們把它當成是馬政府對大陸發動政治談判的回應與投石問路，似乎也無不可。然而這樣一套看似有理的論述，真的能具有說服力嗎？

做爲關心中華民國與兩岸前途的一份子，我們對《聯合報》的看法有不同意見，感謝旺報提供機會，讓我們有機會與《聯合報》共同切磋與思辨政府應有的大戰略與兩岸和平發展路徑的基石與方向在哪裡。

在我們看來，一套政治上的論述如果要具有可行性，至少要能兼顧到兩個方面。首先，它必須以邏輯性爲必要條件，再來則是以能兼顧相關各造的利益爲充分條件。若是如此的話，我們就必須指出，《聯合報》的這套論述無論是在必要條件上也好，或是充分條件上也罷，它都有了嚴重的缺陷。爲什麼呢？我們以爲，原因出在「一中各表」這個概念上。

就邏輯性來說，「一中各表」爲得是要將兩岸的主權

拉平到同一層次。照《聯合報》的邏輯，所謂兩岸要維持
各說各話的空間，大陸就得尊重在台灣的中華民國，並強
調它是「主權獨立的國家」。此話的依據是中華民國從 1912
年開始它就已經是個主權獨立的國家了，而台北也尊重北
京宣稱中華人民共和國是一個「主權獨立的國家」，《聯
合報》把這個情形稱之為現狀，這也是馬英九經常說的「正
視現實」，並認為非如此就不足以「維持現狀」。然而很
不幸的是，實際上這樣的論述卻埋伏著一個邏輯上的陷
阱，因為現狀並不是這樣說的。

　　兩岸現在的現狀是甚麼？它至少包括了三點，一是主
權面：兩岸都宣稱其主權涵蓋全中國，兩岸均為「一中憲
法」，就這個層面而言，兩岸是競合的關係；二是治權面：
兩岸目前處於分治的狀態，雙方治權互不隸屬；三則是權
力面：兩岸的物質權力處於不對稱的狀態。

　　沒錯，中華民國是一個國家，但其主權與中華人民共
和國的主權重疊，現在要人家公開承認你是一個主權獨
立，並與它互不隸屬的國家（或者模糊說是政治實體），
那它要把自己擺到哪裡去？此時，你可以說我也不挑戰你
的宣稱，大家互不否定就好了呀！可是邏輯上說，當台北
只要對大陸宣稱中華民國的主權獨立，又主張主權涵蓋全
中國時，已經等於否決了北京做同樣宣稱的合法性。當台

灣聲稱「主權獨立」、「2300萬人決定台灣前途」時，等於已經放棄了主權重疊的主張。

我們認為，主權概念基本上是零和的，除非兩岸共同表達接受「主權重疊」的意願，即「一中同表」，否則兩岸根本就沒有各說各話的空間。

而另一方面，《聯合報》亦認為若大陸允許「一中各表」，尊重中華民國的主權地位，則這樣的論述就有可能吸納民進黨。這樣的講法，其邏輯上的謬誤就更為明顯了。民進黨會不會真心接納中華民國體制我不知道，假如它接納了，民進黨所認為的中華民國主權，也絕對是個僅包括台澎金馬在內的限縮了的主權，那麼難道《聯合報》亦認為中華民國的主權就是這個樣態嗎？這樣的主張是不是現狀？上述這兩個狀況所指稱的中華民國是不是同一個中華民國？這是邏輯面上的問題。

就現實上各方的利益來說，如果大陸接受了「一中各表」，它有甚麼好處？李登輝不是沒說過「一中各表」，結果他把它表成了兩國論，這殷鑑還不遠呢！對國民黨來說，它想要「一中各表」的原因，看來主要是希望兩面討好，一方面用一中來告訴大陸，我並沒有放棄一中的立場，但這也許只是佯攻的一面；其主要的想法是要向民進黨展示它守住了主權的底限，並以此證明這是一個可操作的構想，同時也可以正面主攻民進黨。

　　國民黨恐怕沒想到的是，假如民進黨真的很「聰明」地順勢向「一中各表」靠攏，然後要求中華民國的主權只限縮在台灣，那時搞不好才是國民黨噩夢的開始！在我們看來，從利益面來說，「一中各表」其實對民進黨才真正是個一本萬利的主張，它只要宣布接受「一中各表」，但要求國民黨與大陸接受中華民國的主權僅及於台澎金馬，民進黨就大勝了，至於剩下的難題，就丟給國民黨和大陸去處理吧！如此，《聯合報》還認為這樣的講法是個聰明的主張嗎？

　　從以上推理可知，若以「一中各表」作為基石，無論從邏輯上或是利益上，都不足以帶來正面的好處，它不徒不足以促進和平發展的過程，也無法證明它擁有將和平發展的過程論接軌到目的論的方向上去之可能，當然也就不適宜做為國家戰略的基礎。我們覺得，這其實是一個很簡單易明的道理，但何以以《聯合報》的地位會看不清楚呢？這真是讓我們大惑不解！

原文出處：《旺報》，民國 99 年 1 月 19 日。

「一中各表」做為理論
的錯誤解讀與引用

六問《聯合報》之二

　　多年來，《聯合報》一直以「一中各表」等同於「屋頂理論」，並以此做為兩岸關係定位與發展的理論依據。這個師法西德的理論，總是被誤以為是解決兩岸定位的藥方。我們必須要說，《聯合報》所提的看法不僅在理論解讀上有問題，在論述實踐上更不可行。

　　「屋頂理論」為西德學界所創，用以解決東西德的政治關係困境，我們先來了解這個理論的真正內涵與功能侷限，還有，西德又是如何處理這個侷限。

　　在討論前，我們必須有三個德國的概念，一個是分裂前與未來可能統一的德國，稱其為「整個德國」，另外兩個是西德與東德。西德基本法的制憲者是以「同一性理論」中的「國家核心理論」，而非「屋頂理論」做為其追求統一的理論基礎。

　　所謂「國家核心理論」是指：1949 年的西德與分裂前的「整個德國」為「同一」（identity），只是其治權僅及於現有的邦。為了貫徹這個憲法理念，西德在制憲時奠定

兩個基石。第一、延用原有 1913 年的國籍法。西德基本法第 116 條表示堅持只有一個統一德意志國籍的立場，並未藉基本法創造出西德國民的國籍。依其精神，東德的人民也是德國人，所以，如果跑到西德來，自然立刻可以取得西德的國籍。第二、加入條款。在基本法第 23 條中，明定西德的有效治理範圍包括當時的 12 個邦（這 12 個邦是核心），但是也保留了「德國其他部分加入聯邦時，應適用之」，即爾後東德各邦可以自由選擇加入西德，也是回歸德國。

「屋頂理論」產生於 1972 年，是當時西德總理布朗德爲了推動東進政策與東德、蘇聯和解下的產物。當時東德憑著華沙公約國與蘇聯的支持，倡言「不承認東德是一個主權獨立的國家，就不和解」。布朗德認知到，東西德雙方如果再不和解交往，人民情感再不聯繫，認同必然繼續撕裂，分裂必將終成定局，最後以「東德是一個國家，而不是外國（完整的主權獨立國家）」的立場與東德簽署《基礎條約》，確定兩德的定位。這就是「屋頂理論」的濫觴。

「屋頂理論」是一種通俗性的說法，正確地說是「部分秩序理論」，表示由於德國仍然處於分裂狀態，對於整個德國事務而言，東西德均非完整的憲政秩序主體（不是個完整的主權國家），雙方都只是個部分秩序主體。換言

之，西德對東德的承認是整個德國內部的兩個憲政秩序主
體間的相互承認，而不是外國關係的承認。布朗德並以「特
殊關係」形容東西德的關係。

布朗德這個說法，並沒有得到在野黨的理解。在野黨
主張承認東德是一個國家就等於造成德國的永久分裂，認
為聯邦政府已經違憲，因而向聯邦憲法法院提請訴訟。憲
法法院選擇站在聯邦政府這一邊，認為聯邦政府仍然堅持
「國家核心理論」，所做的妥協並沒有違反基本法中的「再
統一命令」。

一般人認為德國模式只是「屋頂理論」，並以「一族
兩國」（one nation, two states）表述，其間「一族是屋頂，
兩國是兩根柱子」。可是，西德聯邦政府與憲法法院從來
沒有這樣認為，如果他們接受「一族兩國」的說法，等於
是宣告布朗德政府已經違憲了。因為「一族」在法律上是
沒有意義的，德與奧、英與美都可以是「一族」，但是已
經是兩個外國了。

憲法法院認定西德政府的作為並沒有違反涉及主權的
「國家核心理論」，所謂的「屋頂理論」（部分秩序理論），
只是為了顧及現實，以及為了改善當時東西德關係的權宜
作法。基於以上考慮，西德政府認為東西德關係是不同於
一般外國間的「特殊關係」；派駐東德的代表是「常設代
表」而非「大使」；將東西德邊界視為西德各邦間的邊境，

東德物品進入西德並不需要關稅；對於所簽署的《基礎條約》，也認定只爲「臨時性」的安排，並非永久性的條約。

　　1990 年德國統一或許是個偶然，西德的「國家核心理論」也有可能最終只是西德的自我夢囈，可是最後德國的統一路徑卻是按照西德當初基本法設計者的原有設計進行。如果不是這個偶然，「屋頂理論」可能成爲德國永久分裂的真正理論依據，布朗德也可能成爲兩德永久分裂的固定者。之所以要說這一段歷史，是想與《聯合報》分享，「屋頂理論」從來就不是一個西德制憲者的理念，只是因爲現實需要而妥協下的產物，它不是爲法理統一目的而生，而是爲和平相處過程而存在。

　　在中華民國，一直到目前爲此，雖然經過多次修憲，在憲法層次，「國家核心理論」始終沒有遭放棄，但是在實際政策作爲上，1994 年以後，國民黨政府已經放棄了「國家核心理論」了。李登輝開始將「一個中國」不再定位爲「中華民國」，並改變它的定義爲「歷史、地理、文化、血緣上的中國」，開始接受「一族兩國」的說法，1999 年特別選在接見德國記者時，提出兩岸爲「特殊國與國關係」的主張。布朗德與李登輝所說的「特殊關係」在法律意義上完全不同，李登輝所說的「特殊國與國」其實就是「兩個外國」關係。

　　2008 年 5 月馬英九雖然贏得了大選，但是在兩岸定位上並沒有挑戰，也無法超越李登輝的兩岸定位論述，馬只是不斷強調「台灣主體性」，而沒有辦法回復到兩岸「主權重疊」，建構一套兩岸「共有主體」的論述，這使得馬英九的「一中各表」更趨近於「偏安台灣」或「兩個中國」，而不再是 1992 年「一中各表」時「胸懷整個中國」的論述。

　　容我們坦率的說，《聯合報》的六篇社論沒有處理「一中各表」是否已經變質的問題，《聯合報》一篇社論說：「民進黨願否以告別台獨來做為獻給中華民國的百歲生日禮物」？我們認為，如果「一中各表」已經成為「偏安台灣」的論述，民進黨為何不會接受？「偏安」與「台獨」在憲法上的意涵是沒有差別的。

　　兩岸現在的問題不在「一中各表」，而在於國民黨對於「一中」的定義、認識與作為已經改變，在這樣的情形下，還把「一中各表」四個字做為兩岸的共同期許，不是有些唐突嗎？《聯合報》應該鼓勵馬英九政府堅持「同一性理論」中的「國家核心理論」，而非選擇錯誤解讀「屋頂理論」的「一中各表」。

原文出處：《旺報》，民國 99 年 1 月 20 日。

無法建立互信的
「一中各表」
六問《聯合報》之三

　　《聯合報》在社論中表示：「馬政府無論對內及對北京，皆尚未建立起明朗的論述體系。這使得內部意見紛亂如故，而對岸也持觀望態度。就此而言，一中各表是唯一方案。對台灣，非一中各表，不能維持治理；對大陸，非一中各表，不可能有和平發展」。

　　「一中各表」邏輯通嗎？「一中各表」真的可以解決台灣內部紛爭，又有利於兩岸和平發展嗎？我們不這樣認為！以下從三個方面來討論：第一、台灣有沒有能力與大陸進行長期的「一中各表」？第二、「一中各表」為何不利於台灣，也不容於大陸？第三、「一中各表」能夠做為兩岸基本互信的基礎嗎？

　　我們先談，台灣有無足夠力量與大陸進行「一中各表」。在討論「一中各表」時，往往以東西德簽署《基礎協定》時，兩德是以「同意歧見」（agreetodisagree）做為借鏡，認為東西德可以在核心問題上「各說各話」，雙方亦因此加入了聯合國，也並沒有因此妨害德國統一，因此

主張兩岸也可以將「同意歧見」做爲兩岸建立互信或簽署和平協定的基礎。

在上一篇文章提到，東德以「永久分離」向西德開價，並宣稱如果不接受東德是一個國際法上的主權獨立國家，東德就不與西德和解。西德最後以「承認東德爲一個國家，但是不是外國」爲妥協，但是仍然堅持其與德國爲「同一」的「國家核心理論」。東德原來並不願意接受，不過，在蘇聯老大哥願意接受的情形下，東德的總書記烏布里希特只得被迫下台，換何內克上台，兩德爰達成協定。這個複雜故事背後的權力原貌是：沒有蘇聯的支持，東德根本無法開條件，當蘇聯態度改變時，東德也只好被迫調整立場。因此在本質上，東西德《基礎條約》不是西德與東德，而是西德與蘇聯簽的和平條約。兩岸不同於東西德，未來的兩岸和平協定，外國的力量很難進入，「同意歧見」的「一中各表」難有外力支持空間。

台北方面另外要自問的是，即使有外在因素，美國對台灣的支持是否高於當時蘇聯對東德的支持，當時波昂是否比今日北京的國際政治影響力大？如果答案均是「否」的話，那麼我們憑甚麼會認爲北京會接受「同意歧見」的「一中各表」？毫無疑問地，對於北京來說，「一中」是重要原則議題，我們很難想像北京會同意在原則性問題有歧異的情形下，同意簽署兩岸和平協定與建立兩岸的根本

互信。台北為什麼會認為北京需要接受在北京看來有可能會被台灣民主操作成為「永久分裂」的「一中各表」？

　　第二、為何「一中各表」不利於台灣？我們可以想想看，北京與 171 個國家有外交關係，台北只有 23 個在國際政治上非重量級的邦交國，北京參與的國際組織又遠遠超過台北。請問世界上大多數國家會承認北京對於「一個中國」的表述，還是接受台北的表述？在「一中各表」的前提下，台北也只能最多以「中華台北」參與國際組織，講久了，不要說沒有人要聽台北的「一中各表」，連中華民國的名稱是甚麼自己都完全保不住了。對於台北來說，以前的「一中各表」還有胸懷大陸的氣魄，現在的「一中各表」已是自己表不贏大陸，又不敢丟掉一中的說法而已。

　　如果我們同意兩岸物質性的權力已經有不對稱的現象，那我們必須考慮，時間拖得愈久，是否對台灣愈為不利？如果同意這個推測，那麼「一中各表」對台灣有利的解釋空間將愈來愈小。

　　當然，也會有人認為時間拖得愈久對台灣愈有利。這樣的思維建立在兩個假設下：第一、「中國崩潰論」。例如 1990 年代中期，李登輝認為中國大陸將會崩解為「七塊」，因此用「戒急用忍」的戰略處理兩岸關係。第二、「柔性台獨」或「穩健台獨」論。這種論述認為只要時間

拖得夠久，兩岸認同繼續撕裂，再經過幾次大選，台灣主體意識完全形成，兩岸分裂將只需一個法律程序而已。以上的第一種論述能否成功並不操之在台灣。第二種論述正是「一中各表」不容於北京的地方，他們擔心，同意「一中各表」是否會讓「一中」永遠各自表述下去了，而結果就是「兩個中國」的定型。

如果讀者同意，兩岸和平協定是兩岸互信的展現，也是兩岸能夠和平發展的基礎，那麼我們必須要對《聯合報》所說，「對台灣，非一中各表，不能維持治理；對大陸，非一中各表，不可能有和平發展」這一句話表示異議。對台灣內部而言，不要說「一中」，連「中華民國」都是各自表述；對兩岸而言，各說各話的「中國」是不能建立兩岸根本互信的，沒有根本互信，兩岸目前的和平發展是極為脆弱的。

「一中各表」原本是兩岸間的「求同存異」，但是十多年來，隨著台北政府對於「一中」定義的改變，今日「一中各表」已經變成為求台灣內部「求同存異」的工具。《聯合報》希望台灣內部與兩岸均能接受「一中各表」，可以說是已經看到了問題，但是我們必須坦率地說，「一中各表」不僅不是如《聯合報》所說的「唯一方案」，更不是個解決問題的方案。對於藍綠紅三方來說，國家認同問題豈有「各說各話」的空間？

　　「一中各表」不是建立在互信，而是建立在自說自話之上，這樣的論述有其實踐上的侷限性。總結本文，可以十六個字來形容：無力實踐、不利台北、不容北京、沒有互信。我們認為，台北必須改變思維，依據中華民國憲法與北京進行政治對話，就「一中」的定義尋求兩岸都可以接受的「共同表述」，也就是「一中同表」。何謂「一中同表」，簡單地說，兩岸均同意目前的憲法為「一中憲法」，雙方均對不分裂整個中國做出承諾，雙方也願意接受彼此為平等的憲政秩序主體。「一中各表」看起來簡單，但是邏輯上有其侷限性、實踐上也有其脆弱性，「一中同表」看似困難，但是邏輯清楚完整，值得推動。詳細的分析，請容後論。

原文出處：《旺報》，民國 99 年 1 月 21 日。

「一中各表」下的中華民國
與辛亥革命還有關嗎？

六問《聯合報》之四

這篇評論我們想針對《聯合報》社論的另一個內在矛盾提出看法。

《聯合報》的系列社論，有一個很有趣的觀點，那就是一中各表與辛亥革命的關聯。《聯合報》認為台灣正有一種論述的價值在上升之中，那就是由辛亥革命所賦予的中華民國的價值。此一價值的核心點在於如何建設新中國，這也就是說中華民國的命運是與新中國的建設分不開的。就這點而言，中華民國在台灣的民主建設，正指引出了這樣的方向，特別是在大陸經濟起飛，兩岸的經濟差別不是那麼大的狀況下，乃顯出了此一面向的可貴。

《聯合報》以上的觀點，凡是走過蔣經國主政歲月的人，大概都不會陌生，但是把這樣的觀點和「一中各表」連結起來，卻不免令人有種時空錯置之感。

當年，在以三民主義統一中國為口號的冷戰時代裡，你也可以說那就是某種意義的一中各表。那時，兩岸已經是冷和的局面，國際冷戰格局雖不變，但和解政策已成主

流，所以兩岸的軍事對峙已見和緩。在那個歷史時空中，儘管台灣始終處於內外皆不利的態勢下，我們一直沒有放棄去和大陸競爭合法性與正當性。當時的國民黨政權，當然還談不上是民主，可是我們總是以此為號召，而事實上由於蔣經國對權力的某種自制，乃至解嚴，也的確為後來的民主化鋪平了道路。所以我們可以將民主化作為對大陸的政治號召，並以之建立中華民國在全中國發展的價值。這也就是我們所說的燈塔效應。但在那個時空中，國民黨政權卻絕對不會說一中各表，因為那時的中華民國仍認為對岸的政權為偽政權。

在我們看來，真正有意義的「一中各表」，其實只出現在一個很短暫的時空中，那就是國統綱領時期。照國統綱領的基本架構，它的確仍將中華民國的主權涵蓋全中國作為前提，而且把國家恢復統一作為其最終的目標，同時也設定了一些條件做為國家恢復統一的先決要件。這時的狀況的確是「一中各表」，以一個中國為前提，也就是說世界上只有一個中國，台灣與大陸皆同屬於整個中國，這和大陸的「一中新三句」是重合的。如果《聯合報》所意指的一中各表與辛亥革命的聯繫，指得是此一意思，則沒有問題，因為國統綱領中所設定的條件的確可以視為是建設新中國的內涵。

　　但是現在回頭來看國統綱領，就會發現那不過是一份歷史文獻而已，當時的李登輝政權從未認真看待過這份文件，這份文件只是李登輝拿來堵當時國民黨內非主流派的嘴的工具而已。從此李登輝所展開的民主化工程，從來就不是要建構一個燈塔，而是和本土化掛勾，要將中華民國完全轉化為一個和中國脫鉤的政權，對於這個過程，我們可以說當他在康乃爾大學說「中華民國在台灣」時，中華民國已經成了「偏安」在台灣的政權了，而兩國論則更進一步，從此中華民國已經和辛亥革命脫鉤，也與建設新中國脫鉤。

　　這也就是說，台灣的民主化，其一個很重要的內涵，就是實質上完成了主權的限縮，只是憲法尚未改，所以法理上尚未完全和中國脫鉤而已。

　　從這個角度看，這時李登輝在兩岸對話中所說的「一中各表」，已經是個他掌中的玩物，其重點是在「各表」，只要中華民國這個名號猶在，他愛把一中各表說成方的就是方的，愛說成圓的就是圓的，反正怎麼說都有他的道理，所以當年蘇起在為兩國論的風波辯護時，連所謂「特殊國與國」也是「一中各表」的變形。然則「一中各表」也就在這樣的操作過程中被徹底「玩死」了。我相信這一過程《聯合報》當會記憶深刻才是。

　　當然，人們或者會說，當馬政府成立後，局勢已有了

本質性的改變。我們當然不否認這一年多來兩岸局勢的迅速和緩，可是當馬政府仍然擱置國統綱領，仍然言必稱尊重兩千三百萬人對台灣前途的決定時，這樣說的「一中各表」其具體內涵會是甚麼呢？這樣表述背後，被本土化了的中華民國內涵，和辛亥革命與建設新中國還有多少本質的關連呢？試問一個完全本土化的中華民國還能不能對大陸構成燈塔效應？

　　如果我們根本就是以「異己」的方式在思考兩岸關係，是無法成為燈塔的。而且，冷戰格局迫使兩岸無法交往，所以不得不求之於燈塔效應，而今兩岸互動已經如此頻繁，難道中華民國還只永遠想當燈塔而已嗎？

　　當《聯合報》在論述一中各表與辛亥革命之關聯時，應該認識到目前馬政府的「一中各表」論述只是個防禦性的工具，而且防禦的對象只是民進黨，「一中各表」對國民黨而言，已經不是一個兩岸關係的政策論述，而只是企圖以此證明國民黨仍在捍衛中華民國的主權而已，至於這個中華民國的內涵為何，其實已經不暇深究了。換句話說，「一中各表」其實只是「一個中華民國各表」而已，它並沒有進取性，也不代表一個戰略構想。然則在這狀況下來提辛亥革命，不覺得有些諷刺嗎？

　　我以為對於《聯合報》的論述而言，如果它希望大陸

能夠依照「一中各表」來正視中華民國的地位，並且真的
讓兩岸回歸到辛亥革命的情境中去的話，那恐怕就不能不
先要求國民黨把它的「一中各表」說清楚，也得問國民黨
要怎麼處理國統綱領。若不能如此的話，則這個論述本身
就會只是「莊孝維」（玩假的）的東西而已，不是嗎？

　　然則我想試問，現在台灣還有誰想進取中原？想去經
略大陸，建設新中國？還有幾個人不是「偏安江左」派？
現在的國民黨政權是不是一個只想偏安的政權？這種偏安
和台獨究竟有多少距離？偏安又如何建設新中國？

原文出處：《旺報》，民國 99 年 1 月 22 日。

何不捨「一中各表」
求「一中同表」

六問《聯合報》之五

　　《聯合報》在「一中各表、杯子理論、屋頂理論」社論中認為：「在目前及可見之未來，主導兩岸互動的主要默契就是『一中各表』。所謂『九二共識／和平發展』，或『維持現狀／和平發展』，就是『一中各表／和平發展』，並且在文末稱「寄望一句『九二共識／一中各表』共創雙贏」。

　　不止這篇，在整個六篇社論中，《聯合報》都將「一中各表」、「維持現狀」、「九二共識」都看成同義詞，並將其做為「和平發展」、「共創雙贏」的同位語。我必須要說，《聯合報》實在太樂觀了，也太簡化了政治學中的互信。

　　我們認為，無論是「一中各表」還是「九二共識」都是一種「擱置爭議」或「同意歧見」式的共識，這樣的共識是不容易創造真正的互信的。至於「維持現狀」更是違反有機體的自然法則。請問要維持的是哪一個時間點的現狀，1949 年國共分裂時的現狀？1991 年國統綱領時的現

狀？1994年一個中國去政治法律化時的現狀？1999年特殊
國與國主張時的現狀？還是 2002 年一邊一國倡議時的現
狀？這種語言的模糊，根本不可能解決問題，更何況，從
民意調查中可知，每一天台灣人民對於兩岸（法律關係、
認同選擇）的現狀認知都在改變，政府又如何維持現狀？

　　《聯合報》的論述有一個根本性的盲點，以為「擱置
爭議」或「同意歧見」可以為兩岸建立共識，進而推動「和
平發展」、「共創雙贏」。或許在一般性問題上，爭議雙
方可以放下歧見，以「存異求同」的態度來處理更重要的
事，但是對於核心的爭議，如果沒有辦法達到共識，現有
已形成的「求同」很容易就變成「存異」了。

　　兩岸也有過這樣的經驗。國統綱領的立場宣示，讓兩
岸可以在「一中各表」的認知下進行對話，1993 年的辜汪
會議得以開啓。但是，由於當時只是「一中各表」，只有
暫時的妥協，而沒有真正的互信，隨著李登輝逐漸偏離「一
中」的定義，當「特殊國與國」言論出來時，兩岸的協商
立刻中止，因為雙方的互信不見了。

　　我們來看看國際間的例子。在處理分裂國家與對抗集
團間的政治關係時，西方的經驗是「先政後經、先難後易」，
先處理最核心的爭議，即彼此間的政治定位。東西德如果
沒有在 1972 簽署《基礎條約》，不會有後來一百多項經濟、
文化、社會交流協定。沒有 1975 年相當於歐洲和平條約的

《赫爾辛基最終議定書》，東西歐不會開啓「信心建立措施」（CBMs）的互信機制。

即使是歧見，也是經由談判確定接受歧見，而不是雙方各說各話式的「擱置爭議」。東西德也是透過《基礎條約》中，接受了共識與核心歧見。在這樣的基礎下，東西德才可能推動日後一連串的政策互動。《赫爾辛基最終議定書》確立了二次大戰後各國的主權與領土，在這些高難度的政治問題得到解決後，東德與東歐國家才願意與西德及西歐國家建立互信。

《聯合報》的「一中各表、維持現狀、九二共識／和平發展、共創雙贏」邏輯性關聯論述，讓人難免有一廂情願，爲箭劃靶心的感覺。我們不如《聯合報》的樂觀，很難想像兩岸可以在「同意歧見」的「一中各表」架構下長時間的走下去。別忘了，台灣幾乎年年有選舉，美國也不會對兩岸關係不發一語，簡單地說，一個沒有真正互信的「一中各表」，怎麼可能有長久的「共創雙贏」。

我們認爲，逃避與閃躲不能解決問題。與其「一中不表」，不如「一中同表」，兩岸應該在彼此認爲最重要的核心問題上取得共識。兩岸最核心的地方，對於北京來說，就是「一個中國」、「反對台獨」；對於台北而言，就是「憲政地位平等」、「主體性」。因此，兩岸應該努力爲

雙方最堅持的問題找到交集。

我們與兩岸統合學會的一些朋友提出「一中三憲」的主張,做為「一中同表」的內涵。

任何一個主張不能偏離現實,也不能違反現有的憲法。目前在憲法層次兩岸的現實是:第一、「中國」並不等於中華民國,也不等於中華人民共和國,兩個加在一起才是真正的中國,我們稱它為「整個中國」;第二、兩岸各擁有一部在主權上重疊,但是在實際的治權上互不隸屬的「一中憲法」。因此,目前的現狀是「一中兩憲」。但是由於台灣在政治上已有將「一中」虛化的記錄與勢力,「一中兩憲」極可能會被政客操弄為「兩國兩憲」。因此,最好的解決方案,就是把「一中」從雙方的憲法,拉高到另一個具有拘束力的協定或憲法層次,即將「一中」再進一步再憲法化,透過類似歐洲共同體的「超兩岸」與「跨兩岸」機制的統合方式,將「一中」逐漸更實體化。

未來這個超越兩岸憲法的法律架構,與兩岸憲法並存,將其稱之為「第三憲」,這使得兩岸在法律架構內,存在著「一中三憲」。「一中三憲」顧及到兩岸是「互為主體」,但是也創造出「共有主體」。

處理的第一步,就是在兩岸未來簽訂的「和平協定」中明確約束雙方對「承諾不分裂整個中國」做出條文式的保證。因此,未來的兩岸和平協定,不僅僅是結束敵對狀

態、開啓兩岸關係正常化的一個協定而已，它其實是兩岸進入「第三憲」的第一份文件，因此，未來的兩岸和平（基礎）協定，本身就是第三憲的一部分，而且是基石。

這個「第三憲」，我們可以用搭橋建樓的方式，透過不同的政治性協定，達成高於兩岸管轄權的政策，或搭建高於兩岸憲政的共同體。未來的兩岸協定就像一根根的支架，涉及政治性的協定是柱樑，事務性的協議是壁牆，它們共同組成了第三憲的內涵，當「第三憲」的權威愈來愈高、範圍愈來愈廣，兩岸不就自然成為一體了嗎？

「一中各表」是保留各說各話，「一中三憲」則是透過有約束力的和平協定，一方面兩岸共同堅守「一中」的承諾與保證，另一方面共同接受兩岸為平等憲政秩序主體。我們認為如此才能真正讓兩岸走向「和平發展、共創雙贏」。

原文出處：《旺報》，民國 99 年 1 月 23 日。

經略大中華才是解開台灣集體焦慮的藥方

六問《聯合報》之六

　　前面幾篇對《聯合報》社論的質疑，大致從理論與實踐面指出了「一中各表」的種種問題，而在這系列的討論最後，我們也想從心理的層面指出，其實無論是剛性台獨、柔性台獨、偏安獨台，或者是「一中各表」這種所謂「維持現狀」派的主張，它們之所以會在台灣社會流行，其實只是反映了目前瀰漫在我們社會中的集體焦慮感而已。而它們的共同問題是，從這樣的焦慮感出發，都只能產生某種自我中心式的邏輯，這種邏輯也許可以讓自己的自我感覺良好，卻無法真正解決問題，甚至當挫折來臨時，往往只會益增焦慮。

　　台灣社會的集體焦慮，其來源當然只是因為必須面對正在日益崛起的大陸。當兩岸的物質實力越來越不成比例時，我們一方面看到了大陸越來越高的自信，以及「硬的更硬、軟的更軟」的姿態。而另一方面，我們也看到了某種「孤兒」的心態在台灣社會中潛在滋長，並發展成為我們集體「以躲避為能事」的行為模式。

　　台灣有著某種孤兒的意識，其來源當然並非始於今日，吳濁流的「亞細亞的孤兒」早已經描繪出了它的早期風貌。二戰之後，在冷戰的格局下，台灣更長期成為美國卵翼下的一個不能有聲音的養女，這當然更增添了這塊土地上人民的無力感。我們把自己的安全寄託在美國的《台灣關係法》這個國內法上，我們長久以來始終不能主宰自己的命運，遂使我們敏感而多疑，渴望別人的重視，而又很難信任別人的善意，於是在無助的悲情中，一旦稍能有自己的空間，便格外要求確立自己獨立的身分，即使冒著孤立自己也在所不惜。從而，這種獨立身分的追求往往只是螟蛉子之焦慮的外顯符號而已。

　　當集體焦慮成為了台灣人民的無形枷鎖時，當台灣逐漸失去在面對大陸發展時的自信時，人民選擇不是冷漠就是犬儒，不是無助就是自大，不是閃躲就是逃離，並逐漸失去面對問題的勇氣與進取。

　　然而不幸的是，以各種追求獨立身分的方式來解除焦慮的努力，對台灣現實的時空而言，根本就是緣木求魚的事，這既包括了台獨，也包括了想要讓中華民國以獨立主權國家的身分出現的「一中各表」在內。這也是我們覺得《聯合報》的系列社論最沒看清楚的地方。換言之，如果上述的集體焦慮乃是事實，那麼現在台灣社會所提出的解

決焦慮的「主流」辦法，偏安或台獨，恐怕就都不可能是
有用的藥方。然則我們要問的是，真正有用的藥方在哪裡？

　　如果大家都還記得的話，三四十年前，台灣那段最風
雨飄搖的歲月，我們在國際政治上的難題其實尤勝於今
日，可是當時台灣一群可敬的企業家們，以一只手提箱就
踏遍了世界，他們沒有嚷嚷要獨立，可是他們胼手胝足地
爭到了市場，也爭到了自信與尊敬。在那段歲月中，我們
沒有焦慮嗎？而我們又是怎麼走過焦慮的？這段故事是不
是可以給我們一些啓示呢？

　　當年台灣打落牙齒和血吞，我們信奉的是經濟實力就
是台灣繼續活下去的本錢，我們不爭虛名，結果二十年後
台灣既有實也有名。當時我們用希望來取代焦慮，用進取
來替換逃避，今天我們爲什麼不能也如此？

　　在我們看來，「一中三憲」就是一種台灣大戰略的基
石，我們不爭那些不可能要得到的東西，如果一中原則某
種意義上是個緊箍咒，那就接受它，並將其轉化爲我們的
金箍棒。接受「一中」，不表示我們必然接受大陸爲中央，
台灣爲地方，而是要求大陸和我們一起重新戴起一頂叫做
「整個中國」的帽子。我們承認兩岸在物質性權力有不對
稱的情形，但是我們就有理由來要求，在兩岸政治定位上，
以「平等的憲政秩序主體」之身分出現。如果我們可以保
住我們的憲政完整性，試問我們的「裡子」會有損失嗎？

　　在此一基石上，台灣也才能真正在和平的基礎上，來思考我們更大的戰略佈局。對這佈局，我們的想法乃是如此：由於兩岸有形的對比差距太大了，所以台灣不能化整為零地進入大陸，也不能「只經不政」的與大陸交往，因為這樣只會讓台灣的力量逐漸弱化，未來的籌碼逐漸消失。

　　我們主張以「兩岸統合」方式與大陸共同推動和平發展。「兩岸統合」的意涵在於我們希望兩岸能以歐盟的統合經驗為師，與歐洲統合由各自主權獨立國家為基礎開始統合不同，兩岸是在整個中國的架構內開始統合。兩岸在各個不同的領域裡，由雙方以平等的方式成立各種「共同體」，透過這樣的機制學習協調共處，以制度的方式增進認同，同時也藉此一機制確保台灣不致於被消化掉。還有更重要的一點是，我們相信台灣在軟實力上所擁有的優勢，這一優勢更能夠藉助共同體的運作過程，而發揮台灣的力量，以引導整個中國的發展。而這不才真正是《聯合報》所說，讓中華民國回歸辛亥革命精神，以建設新中國的意思嗎？

　　「參與才有機會、參與才有發言權」！台灣以彈丸之地，如果總想著關起門來孤芳自賞，那不過是自斷生路；如果想要逃離地緣政治與經濟更是自取滅亡，這道理《聯合報》當然知之甚詳。

我們期待的是，《聯合報》是否真能再仔細想想，其實不只是台獨是想關起門來孤芳自賞而已，「一中各表」事實上也是種偏安式的顧影自憐，其結果仍是在自斷台灣的生路。我們當然更期待《聯合報》能好好考慮我們的想法，以「一中三憲，兩岸統合」勇敢地走進大陸去，只有進去才有機會，也只有勇敢走進中國大陸，才有可能真正終結因大陸而生的焦慮。只有進取式的經略大陸，才能夠得到大陸人民的支持與尊敬。

我們都曾經陪著《聯合報》一起成長，也曾經為《聯合報》的社論而激賞與感動，但是在今天，我們必須要指出，《聯合報》的思路只會帶給台灣更多的茫然，不會減少一絲偏安後更深層的焦慮。我們期待台灣有個真正的大戰略：唯有敢於「經略大中華」，台灣才可能有真正的明天！

謹以總共六篇文章，提出我們的看法，就教《聯合報》、馬政府與社會大德先進！

原文出處：《旺報》，民國 99 年 1 月 24 日。

第四部分

一中各表或一中
同表的後續辯論

《聯合報》與兩岸統合學會

「一中各表」
等於台獨偏安？

《聯合報》

　　本報在歲末新正發表的《中華民國九十九年感思》系列社論六篇，受到兩岸有心人士的重視與討論；我們並不認為系列社論所言即是顛撲不破，而拋磚引玉、集思廣益，才是我們動念寫作的初衷。

　　兩岸問題是一個見仁見智的大難題。對於贊同《元旦六論》見解者，我們固然欣慰；對於不贊同者，我們也表尊重。但若有嚴重誤解或曲解，我們仍應試作說明，以免以訛傳訛。

　　張亞中、謝大寧、黃光國三位學者，發表《六問聯合報》，指《六論》所主張的「一中各表」，等於台獨，等於偏安；這是誤解，也是曲解，我們有不能已於言者。

　　三學者長期關注兩岸議題，鑽研甚深，創見亦多，令人欽敬。但此次發表《六問》，一方面標榜他們創製的「一中同表／一中三憲／兩岸統合」，喻為「兩岸和平發展的戰略基石」；另一方面，又指「一中各表」不合邏輯、不

可行、不符合相關各造的利益，筆鋒一轉，甚至指「一中各表」與剛性台獨、柔性台獨、偏安台獨、偏安自保，及獨台是同一類屬的政治主張。若說「一中各表」不可行，當然可以見仁見智；但若說「一中各表」等於台獨、等於偏安，那就不知所云了。

其實，我們完全看不出《六問》與《六論》有甚麼斬釘截鐵的歧異。暫難細論，僅舉二者的最大共同點有二：

一、都是「泛屋頂理論」。《六論》的主軸，是強調和平發展的「過程論」，而欲以緩化、軟化、轉化，來改善統獨的「目的論」。因為強調「過程論」，所以主張「筷子理論」（不統／不獨），與「杯子理論」（維持「中華民國一中憲法」的「現狀」）；但強調「過程論」，亦並未迴避「目的論」，因此也主張可考慮以「屋頂理論」來處理「目的議題」，例如兩岸成立「邦聯」。《六問》似乎指稱：「一中各表」對「一中」的意涵交代不清，但《六論》卻說得很清楚：「一中各表」所說的「一中」，說的是「屋頂」，是「第三概念」、「上位概念」；比如，若成立「邦聯」就會出現「第三憲」，與《六問》無異；至於「各表」，《六問》與《六論》皆主張「一中憲法」，更無差別；《六問》又稱，「接受一中，不表示我們必然接受大陸為中央，台灣為地方」，這豈非也是一種「各表」？《六問》畢竟並不贊成「一個中國就是中華人民共和國」，

而認爲「一個中國」應是「第三概念」（第三憲），這又與《六論》有何不同？甚至，《六問》主張，可經「和平協議」做爲建立兩岸政治互信的「第一份文件」，這也是本報早有的提議，差別何在？

至於《六問》將「一中各表」說成與台獨與偏安無異，甚至說成皆是「螟蛉子之焦慮」，更不啻已是指鹿爲馬。台獨會主張「一中憲法」嗎？偏安者會主張「兩岸共同回歸辛亥革命及孫中山的起點」嗎？會主張由「合理的過程」達到「改善之目的」嗎？三學者大可自詡有「經略大中華」的雄心壯志，但何必將他人說成「孤兒心態」？

其實，《六論》主張兩岸關係應「化整爲零」，《六問》則是主張應當「化零爲整」。然而，無零豈有整，無整則零亦亂；「過程」與「目的」應是首尾呼應、相輔相成，沒有非要相互對立的道理。

二、北京是主要的變數。《六問》稱，《六論》的觀點有一點一廂情願，我們承認；但《六問》的問題，則是在不知自己也有一點一廂情願。《六問》指出，「兩岸的物質權力處於不對稱狀態」，這也是《六問》與《六論》必須面對的相同處境。《六問》對《六論》的質疑，最具說服力者，應是「北京『憑甚麼』接受一中各表」這類的口吻，六篇長文不斷抬出「北京不答應」，據此反對一中

各表;難道不怕有人也會用同一語氣請教《六問》,北京
又「憑甚麼」接受「一中三憲」?

　　然而,北京不接受,未必是絕對不可變的事情。必須
聲明,我們不反對「一中三憲」,且認爲「一中各表」與
「一中三憲」只是名異實同;而北京若能接受「一中三憲」,
就沒有道理不接受「一中各表」,因爲兩者皆是「泛杯子
理論」與「泛屋頂理論」。令人遺憾的是,若爲了主張「一
中三憲」,卻要以北京「憑甚麼接受」來否定「一中各表」,
那就是莫名所以了。

　　其實,爲了解決兩岸僵局,在兩岸主政者與社會菁英
間,出計獻策者不可勝數;其中有一共同困境,即皆須面
對「北京不答應」或「台灣不接受」的難題,這也是「一
中三憲」與「一中各表」的共同處境。雖然如此,兩岸卻
仍然是議論滔滔,正是因爲「不接受/不答應」未必是鐵
板一塊。所有的「理念的創製」,皆須首先打破「墨守成
規」的侷限。正如《六問》所說,東西德的《基礎條約》,
與歐盟的《赫爾辛基最終議定書》,皆是穿透了許多「不
答應/不接受」才破繭而出;同樣的,兩岸自「解放台灣」
「反攻大陸」,能走到今日以「和平發展」爲主軸基調,
又何嘗不是穿透了許多「不答應/不接受」而形成?我們
希望兩岸皆能接受「一中各表」,同時也歡迎兩岸能接受
「一中三憲」;我們不在意誰的理論學說能成爲兩岸的正

式論述或旗幟，我們只關切如何經由「合理的過程」以實現兩岸「改善之目的」。

　　由於我們更強調過程論，所以不認為「台灣前途應由兩千三百萬人決定」是甚麼離經叛道的論述；我們也認為兩岸問題的終極解決，必須同時化解確實存在的台獨因素，所以只能轉化台獨，而不可想像把台獨一筆勾銷；尤其，「一中各表」與李登輝的「兩國論」，及民進黨的台獨，根本不是一回事，何能將之指為一丘之貉？三學者難道不是在「為箭畫靶」？

　　最後，我們要鄭重聲明，《元旦六論》與馬政府完全無關，連一點點關聯都沒有。其實，「一中各表」是一個仍在發展中的概念，我們在李登輝時代即主張「一中各表」，也不在意與馬政府「一中各表」的思考有何出入。我們的用心，只在嘗試為「一中各表」思考體系的建構略盡棉薄而已。我們歡迎「一中三憲」的創見，但也希望我們對「一中各表」的思考，勿被誤解及曲解。集思廣益，豈不甚好？

原文出處：《聯合報》，民國 99 年 1 月 24 日。

請說清楚「一中各表」的內涵與可行邏輯是甚麼？

張亞中、謝大寧、黃光國（兩岸統合學會）

　　非常尊重與感謝貴報（《聯合報》）回應我們對《六論》的質疑，我們相信如此的辯證詰難，既可以澄清一些關鍵問題，又對凝聚社會共識有所助益。詰難只是「過程」，共識才是「目的」，因此兩岸統合學會也願針對貴報對我們的《六問》之回應，再進一步的討論。

　　我們對貴報能夠接受我們「一中三憲」的構想表示感謝，但是對於貴報認為「一中各表」與「一中三憲」只是名異實同，沒有本質差別，我們有不同意見。這篇回應的主軸，就是希望貴報能把「一中各表」的概念與北京或民進黨可以接受的邏輯程序，一步步地講清楚，否則恐怕就有混淆的嫌疑。而若能由此一澄清來凝聚共識，則是我們之所願！

　　其一、貴報「一中各表」的內涵究竟何指？和李登輝所曾操作的「一中各表」有些甚麼本質的差別？和目前馬政府含混不清的「一中各表」有何不同？和一些所謂的「柔

性台獨」論者所可能接受的意思又有些甚麼差別？在《六問》中我們曾提及，貴報很希望民進黨能以接受中華民國為國家百歲的禮物，但若民進黨真接受了一個「主權限縮」的中華民國，貴報也認為這是禮物嗎？貴報的一中各表之「中華民國」這一端是這個意思嗎？如果是，那我們《六問》的質疑就是有道理的，如果不是，那貴報的意思究係何指？如果貴報是以 1992 年「國統會」的「一個中國是指中華民國，其主權及於整個中國」的「一中各表」，請問是否有可能說服民進黨？

其二，貴報認為一中各表是站在「一中憲法」的基礎上，這點澄清是我們歡迎的。但我們就要問了，既然如此，ROC 和 PRC 就有主權重疊的問題，這個問題怎麼「各表」呢？你只要表了，對意味著否決了對方，那對方怎麼會跟你白紙黑字在兩岸和平協定中「各表」呢？而且我們也質疑了，你和對方各表，表得贏對方嗎？國際上會接受我們片面的各表嗎？我們的主張和貴報當然不同，我們認為「一中同表」的意思，貴報已經看出來了，就是用「整個中國」這樣的「上位概念」來同表，而說整個中國的主權屬於兩岸中國人所共有與共享，這樣既不否決對方，也不牴觸我們的憲法，這當然不是接受對方為中央，我們為地方，但是這也絕對不是貴報所稱的「豈非也是一種各表」，然則

貴報如何可以讓「一中各表」達到這樣的效果？

其三，貴報說我們雙方的主張都是「泛屋頂理論」，這也是我們無法接受的。我們在《六問》中已經為貴報詳細說明了有關屋頂理論的來龍去脈，也指出「屋頂理論」不是一個為統一而設計的理論，如何說服北京接受，此處就不再贅述。我們要表達的是，「一中三憲」主要根據的是「國家核心理論」，我們也以為只憑「屋頂理論」根本不足以解決兩岸問題。我們所說的第三憲，是基於「整個中國」透過兩岸統合與一些協定簽署的再憲法化而建構的，如果有整個中國，而這個三憲是由兩岸憲政秩序主體所共同建構而成，彼此在「同表」的基礎上進行。我們不了解，何以貴報會將其也認為是「一中各表」？

其四，「整個中國」這個概念在政治學上也絕對不等於「邦聯」。貴報說，「屋頂理論就是邦聯」，這是完全錯誤的認識，兩者一點關係也沒有。「邦聯」本身不是一個國際法人，貴報所認知的「屋頂」或「第三憲」將只是個在法律上是個「虛」的概念。北京早已經明確地表示不接受邦聯做為未來兩岸政治聯合體的模式。貴報這樣的認知，完全還是在走李登輝所主張的，「一個中國是指「歷史、地理、文化、血緣上的中國」的老路線，也與民進黨呂秀蓮以「中華」來取代「中國」幾乎沒有差別。我們所主張的「第三憲」是兩岸主權重疊，治權共同治理，它具

有真實的法律意義，而不是只是宣示性的東西而已。我們實在不能理解貴報所說「若成立邦聯就會出現第三憲」的邏輯與憲法理論依據在哪裡？我們覺得討論類似問題，最好還是把概念的來龍去脈弄清楚，否則就只是無謂的纏夾而已。

其五，我們當然曉得貴報主張通過簽訂和平協議來建立兩岸的政治互信，但我們質疑的地方是，你可能根據「一中各表」去簽此一協議嗎？甚麼樣的各表內容可以讓對岸願意跟你簽這個協議？我們在《六問》中已經提醒兩岸物質權力不對稱的事實，台北很難以「同意歧見」要求北京簽署。我們說的簽訂和平協定做為建立兩岸政治互信的第一份文件，乃是建立在雙方確認「整個中國」之基礎上的再憲法化之過程，這也就是說我們賦予了這個和平協定以一個「再造中國」的意義，它是有特定目標指向的，但在互相以憲政秩序主體對等的基礎上，也沒矮化台灣。而這樣的效果，以「一中各表」可能達成嗎？可能根據「一中各表」讓對岸相信其目標指向嗎？如果這點不能有說服力，對岸「憑甚麼」跟你簽這個協議？

其六、貴報提出了「憑甚麼會接受」的討論。我們也接受貴報的質疑，人們的確也可以質問我們「北京憑甚麼接受一中三憲」，但我們要指出來的是，這個「憑甚麼」

的意義，和「北京憑甚麼接受一中各表」的「憑甚麼」是
不同的。在我們看來，北京之無法接受一中各表，涉及的
是兩方面問題，一個是法理原則上他們想不出來甚麼樣的
「一中各表」能跟他們堅持的一中原則相容，另一個則是
現實上「一中各表」早已有被表成兩國論的惡劣紀錄。但
「一中三憲」就不會有這樣的問題。

　　我們當然不能保證對岸會接受一中三憲，但我們認為
台灣有理由根據這樣的主張去問對岸，你既然說只要接受
一中原則就一切可以談，這樣的主張你為什麼不談？換言
之，我們認為台灣無法在談判桌上根據「一中各表」來「開
價」，因為「一中各表」在「理」上站不住腳，但是卻可
以根據「一中三憲」來據「理」力爭，這就是兩種「憑甚
麼」的差別。也許我們說「一中各表」也是某種孤兒意識
的措詞容或過重，但一個根本無法促成兩岸真正達成政治
互信，並開啟「回歸辛亥革命及孫中山之起點」的主張，
不覺得講這樣的話有些大言不慚了嗎？如果貴報對我們這
樣的批評覺得不服，那就請拿出你有辦法逼對岸必須根據
你所說的「一中各表」上談判桌的論述來，我們想這樣的
要求應該不為過吧！

　　其七、至於「台灣前途應由兩千三百萬人決定」是不
是離經叛道的言論，對本文的題旨言，就只是小事了。我
們並沒有說過「離經叛道」這四個字，我們只是說當一旦

涉及主權問題時，將主權議題只交由兩千三百萬人決定，那就恐怕有涉及憲法層次的問題了。貴報既然一向主張一中憲法，試問法理上憲法的實體層面若只交由兩千三百萬人決定，這個憲法的主權內涵限縮了沒有呢？這樣的中華民國是個甚麼樣的中華民國了呢？當然，基於民主原則，比如說兩岸協議了某種政治解決的決定，這個決定勢必要交由台灣民意複決，那當然就是另外一件事了，這點還要請貴報仔細區別我們在這問題上的論述脈絡！

　　總之，這樣的討論我們真是非常珍惜的，如果我們真能藉此開闢一個公共論域，來討論這個攸關台灣前途最核心的問題，那就真的表示台灣民主的成熟度了，我們相信這也是貴報和我們的共同期望！最後，我們由衷地感謝《旺報》給社會這樣一個討論的機會。

原文出處：《旺報》，民國 99 年 1 月 25、26 日。

「一部分的中國」與
「中國的一部分」

《聯合報》

北京智囊鄭必堅針對兩岸關係說：「眼界決定境界，思路決定出路。」這句話的意思也許是說：不要被僵固的思想窠臼困住，只要放大眼界，靈活思考，就能找到高境界的好出路。

兩岸困局之難解，固然是在問題很複雜，但更重要的則是在決策者的眼界不夠寬、思路不夠活，所以顯得境界低、出路窄。

以「九二共識／一中各表」這個命題而言，最初北京方面根本否認有「九二共識」這一回事；但如今「九二共識」卻已成了北京在兩岸關係上的政策主軸。若要咬文嚼字，九二香港會談確實未見「九二共識」四字；因而，即使否認有「九二共識」這一回事，可謂亦是「理所當然」。然而，從最初否認「九二共識」到如今據為政策主軸，改變的只是眼界與思路，影響的卻是境界與出路。

　　再說「一中各表」。北京方面對此甚爲保留，迄今只見胡錦濤在二〇〇八年三月布胡熱線中承認過一次，此後即未再出現於北京談話。北京的版本主張，「九二共識」是指「兩岸各自以口頭表達一個中國的原則」；在命題邏輯上，被喻爲「各表一中」。唯因九二香港會議曾明確達成擱置主權爭議，雙方同意不將各自對「一中」的定義強加於對方，所以才出現「一個中國的原則」這樣的措辭；所謂「原則」，就已不再是任何一方可以片面獨佔定義權，亦即在眼界及思路上，至少已經跳脫了「老老三句」：世界上只有一個中國，台灣是中國的一部分，中華人民共和國政府是代表中國的唯一合法政府。

　　換句話說，倘若「一個中國」只是「原則」，那麼，必然就應有「各表」的空間；否則，即不是「原則」，而是片面獨佔了定義權。如此看來，「在一中原則下各表」與「各表一中原則」，其實並無矛盾，而是互爲表裡。當初北京改採「一個中國的原則」這個說法，應當也是出自眼界與思路的放大與提升；而其中存在的境界與出路則在於：「一中各表」與所謂「一中」的「原則」其實並不牴觸，卻多了各自詮釋的空間。

　　脫離了「老老三句」，眼界及思路的變化又演化出「老三句」與「新三句」。「老三句」是：世界上只有一個中

國，台灣是中國的一部分，中國的主權和領土完整不容分割。「新三句」則是：世界上只有一個中國，大陸和台灣同屬一個中國，中國的主權和領土不容分割。從「老老三句」到「新三句」，「中華人民共和國政府是代表中國的唯一合法政府」這類片面獨佔定義權的表達已見淡出，而「大陸與台灣同屬一個中國」這類「平等／對等」的思維則逐漸浮現。改變的是眼界與思路，影響的是境界與出路。

兩岸當局即使對「九二共識」仍有歧見，但如前述，「一中各表」及「各表一中」並非全無交集，甚至是互為表裡。北京迄今雖未再申接受「一中各表」，但也迄未公開正式否認。一方面，北京應當知道，倘若撕去「一中各表」這一層窗戶紙，兩岸關係必告解構；另一方面，北京在從「老老三句」朝向「新三句」移動時，在眼界與思路上，其實並未否定「一中各表」也是兩岸關係可以思考的境界與出路。境界低的出路往往不是出路，境界提升則往往即可找到柳暗花明的出路。

北京的困局是被綁在「主權」二字。主權不是洪荒即有的概念，而是漸漸演變而來，也仍在漸漸演變之中。不說別的，以分裂國家而言，南北韓、東西德、南北越，皆各自不否認或相互承認對方的「主權」（非外國的國家），但為何只有兩岸的「主權」詮釋出現僵局？再說，美國在立國早期曾是「邦聯制」的複合國（一七七八年至一七八

七年），也解決了各「邦」的「主權」問題；而今日的歐
盟二十七國，亦被視爲晉階的「邦聯」，用眼界與思路解
決了「主權」的問題，甚至提升了「主權」的境界與出路。
但爲何兩岸不能有此眼界與思路？爲何兩岸不能有此境界
與出路？或許可以說，兩岸其實不是被「主權」綁住，而
是被自己的眼界及思路困住。

　　進一步言，如果只說「台灣是中國的一部分」，卻否
認「中華民國是一部分的中國」，則恐怕難使台灣人有自
期爲「中國人」的認同；而台灣人若不認爲白己是「中國
人」，則連「一中各表」都站不住腳，更遑論「中國統一」？
「一中各表」使持守「憲法一中」的「中華民國」成爲「一
部分的中國」，台灣人始有產生「中國人」認同的正當性；
如果北京自困於「主權」，或欲用「主權」困住台灣，不
接受「中華民國爲一部分的中國」，則如何能使台灣人有
「中國人」的認同？平情而論，東西德、南北韓、南北越，
皆可視對方爲「非外國的國家」（例如，東西德都是一部
分的德國），而中華民國又在維護中華文化、實現民主憧
憬及創造民生奇蹟上皆有卓越成就，北京爲何不能接受「中
華民國爲一部分的中國」（亦即「一中各表」）？其實，
北京那種片面獨佔定義權的主權觀，不是東西德、歐盟那
種在出路及境界上可以演化與成長的主權觀，而只是以大

欺小、赤裸裸的強權與暴力而已。這樣的眼界與思路，恐
難有高境界與好出路。

　　從「解放台灣」走到「和平發展」，自「老老三句」
走到「新三句」，其實已可見到北京在思路與眼界上的放
大提升；甚至可以說，北京已是在用「不否認一中各表」
的「九二共識」在營造兩岸關係的境界與出路。這種思路
與眼界的調整，值得肯定。我們期望，在東西德及歐盟發
展出來的主權觀之下，亦即在「屋頂理論」之下，兩岸關
係也能找到高境界的好出路。茲歸納爲「新新三句」：世
界上只有一個中國，中華民國與中華人民共和國都是一部
分的中國，中國的主權和領土不容分割。

原文出處：《聯合報》，民國 99 年 1 月 30 日。

從「一中兩國」
到「一中三憲」

張亞中、謝大寧、黃光國（兩岸統合學會）

　　我們相信這可能是台灣媒體上一次歷史性的對話。從今年元旦《聯合報》對一中各表的《六論》開始，到兩岸統合學會透過《旺報》的《六問》，以及 1 月 24 日《聯合報》對《六問》的回應，25、26 兩日我們透過《旺報》的再回應，乃至 30 日《聯合報》不點名的正式回應，幾波討論下來，我們相信已經更進一步接近了問題的核心點。為了不辜負《聯合報》的雅意，我們當然應該再做進一步的申論，以便讓問題能得到更清楚的呈現。

　　《聯合報》1 月 30 日的社論，的確比以往更清楚地說明了對「一中各表」的內涵。從該社論結語「我們期望，在東西德及歐盟發展出來的主權觀之下，亦即在『屋頂理論』之下，兩岸關係也能找到高境界的好出路。茲歸納為『新新三句』：世界上只有一個中國，中華民國與中華人民共和國都是一部分的中國，中國的主權和領土不容分割」來看，《聯合報》的「一中各表」界定是以「一中兩國」為基礎，呼籲

以東西德的屋頂理論或歐盟模式來處理主權觀的困境。

《聯合報》的「一中各表」就是「一中兩國」

　　從某種角度上說，《聯合報》以堅守「一中憲法」來回應是否有「主權限縮」的質疑，澄清了這點，當然就讓《聯合報》和兩岸統合學會的論點之間有了更多的銜接點。但是《聯合報》沒有說明這樣的立場要如何去說服民進黨的問題。

　　然而我們也必須指出，《聯合報》此次的回應其實只是回到了張亞中教授在二十年前所提出過的「一中兩國」的說法而已。《聯合報》所提的「新新三句」正是當時「一中兩國」的內涵。而時移勢易，願意與《聯合報》分享我們已經將理論修正到了「一中三憲」的過程，並藉此再度澄清一些理論問題與爲何不宜再提「一中兩國」的緣由。

　　1990 年張亞中就參考了西德以「國家核心理論」爲基礎的「一德兩國」，而非東德以「分解理論」爲基礎的「一族兩國」，提出了「一中兩國」的主張，這段過程，現任國安會首席智庫的趙春山董事長知之甚詳。

　　「一中兩國」主張包含了兩個部分，一是依據國家核心理論提出「整個中國」的概念，並認爲由於兩岸均是「一中憲法」，因此，這個「一中」是「實」的，是兩岸憲法

保證它存在的，至於兩岸則可以界定為整個中國（主權共有）內部的一種特殊的國與國關係，這個特殊關係即是當時西德布朗德與《聯合報》所稱的「非外國的國家」關係。但是必須清楚指出的是，當時提出這論述的時間點，兩岸根本就還沒有開始正式交往，連國統綱領都還沒有出現，當時台北毫不懷疑統一是唯一選項。「一中兩國」的提出是為了讓兩岸的定位更清楚，合理地推動兩岸關係。在某種意義上，國統綱領就是以「一中兩國」的精神呈現。

「一中兩國」已經被李登輝玩死了

　　隨後，一個很不幸的發展就是，李登輝在 1994 年透過第一份大陸政策白皮書，即《臺海兩岸關係說明書》，將「一個中國」界定為「歷史、地理、文化、血緣上的中國」，而不再是「中華民國」，從此，「一中」就變成了一個「虛」的概念，開始走東德的「一族兩國」模式。李登輝卸任前，1999 年再藉用「一中兩國」的特殊國與國說法，魚目混珠套用西德「一德兩國」的特殊國與國關係。李登輝或許了解，當「一中」在 1994 年被界定為「虛」的概念時，兩岸已經不可能是「特殊國與國」，而是「外國」關係了。所謂「特殊關係」只是政治語言，唬弄兩岸罷了，至此，也可以說「一中兩國」就這樣被李登輝「玩完」了。

　　爲此，張亞中在 2000 年以後的著作，用更精確的文字將兩岸定位在「整個中國內部的兩個平等的憲政秩序主體」，用憲政主體來把「國」字所可能衍伸爲「外國」的意涵給淡化掉。「整個中國」描述了兩岸的主權重疊，「平等憲政秩序」描述了兩岸的治權上的分立，如此定位自然沒有彼此矮化的問題。這樣的想法，黃光國教授日後爲求簡潔，在 2005 年將其以「一中兩憲」概括之。

　　民進黨執政後，「一中」繼續被虛化，不僅是陳水扁在 2002 年喊出「一邊一國」，2007 年推動「入聯公投」，即使 2008 年馬英九執政後，也開始主張「台灣是中華民國」、「台灣前途由 2300 萬人共同決定」等可能造成「限縮主權」的主張。由於台灣內部對「一中」的變化，北京接受「兩憲」有可能就等於接受「兩個外國」。

「一中三憲」的「一中同表」才是唯一出路

　　我們了解到了一個事實，那就是這種「一與二」的提法，終將不免出現困局。爲此，2008 年起，張亞中在與謝大寧討論時，共同思考到了必須處理「一中」實體化的問題，若不能把一中在憲法的基礎上再實體化，將永遠無法擋住疑慮。兩岸必須讓「一中憲法」有相互保證的拘束力，再透過共同體等機制、共同協定、共同政策等方式共同建

構一個超越兩岸憲法權威的規範，我們以「第三憲」稱之。

　　我們將這樣的思維化約爲「一中三憲」，並認爲如此符合兩岸憲法規範、也足以消弭對岸的疑慮，也確保了兩岸憲政上的平等地位，並認爲在邏輯上這是「藍綠紅」三方所可能出現的唯一交集點，可能也將是維繫兩岸和平發展的唯一可能解決之道。

　　《聯合報》一直認爲他所說的「一中各表」，對岸現階段雖不接受，但未來終將能說服大陸。容我們坦率地指出，這樣的想法根本就建築在一個無法立足的基點上，那就是「一中各表」如何袪除轉成「兩國論」的疑慮。北京會懷疑台北想要軟土深掘。而台灣的選舉正好爲從「一中各表」到「兩國論」提供了操弄的推力與時間。

　　《聯合報》是否同意，台灣這十幾年來在認同上有著軟土深掘的問題？「柔性台獨」或「穩健台獨」就是這個邏輯下的產物。我們之所以一直要正告《聯合報》「一中各表」的不可行，其實病根正在這概念早已經被李登輝玩死了。難道《聯合報》還有可能把這概念再救活不成？

原文出處：《旺報》，民國 99 年 2 月 1 日。

「一中各表」無法
處理主權爭議

張亞中、謝大寧、黃光國（兩岸統合學會）

　　《聯合報》在社論中提出了一個觀點：「主權不是洪荒即有的概念，而是漸漸演變而來，也仍在漸漸演變之中。不說別的，以分裂國家而言，南北韓、東西德、南北越，皆各自不否認或相互承認對方的「主權」（非外國的國家），但爲何只有兩岸的「主權」詮釋出現僵局？」，《聯合報》又提出了「邦聯」或「共同體」做爲突破主權限制的思考。本文針對這幾點回應《聯合報》。

認爲分裂國家相互承認對方是「非外國的國家」是錯誤認識

　　第一、南北越在冷戰時期即完成統一，它是冷戰意識形態對抗下的國際權力競逐，是內戰的結束，談不上是否承認對方的主權問題。因此，我們不認爲南北越的例子有說服力。

　　第二、冷戰結束後，南北韓於 1991 年共同加入聯合

國，從國際法的意義上來說，兩韓已經是國與國的關係，只是兩韓均不放棄統一，做法是「先獨後統」。這與如何詮釋「主權」無關，而是統一路徑的選擇，兩韓同意先共同進入聯合國，再共同追求統一。在兩岸關係上，如果北京同意，我們也樂觀其成，但是問題是，北京會同意嗎？

第三、《聯合報》認為東西德均不否認或相互承認對方的主權，接受對方為非外國的國家。我們不知道這項說法的依據在哪裡？依照我們對德國問題的了解，為了不妨礙兩德人民之間的交流，西德僅接受東德為「非外國的國家」（在《六問聯合報》中已有解釋），但是東德卻是認定西德是「外國的國家」，也因此才有「同意歧見」（agree to disagree）之說。《聯合報》這項認知的錯誤，也造成對「屋頂理論」適用性的誤解。

忽略了主權與權力的關係

第一、主權與國家有其法律上的定義，也有政治上的界定。在國際法上，無論對國家、政府、甚至主權的承認都有「客觀」與「主觀」兩項要件，「客觀」是組成主權國家應有的要件，「主觀」是指自己有沒有實力讓別人承認。無論是南北越、南北韓、東西德均是國際勢力介入下的分裂，南北韓與東西德能夠接受對方主權也是拜國際勢

力妥協以及雙方實力接近所賜。兩岸目前缺少這樣的條件，而不是因為被傳統的主權思路所綁住，這是我們與《聯合報》不同的認識。

第二、從「客觀」的組成要件來看，中華民國完全符合主權國家的條件，我們完全同意《聯合報》所說「兩岸其實不是被『主權』綁住，而是被自己的眼界及思路困住」。但是我們要問的是，為何會被自己的「眼界與思路困住」？答案就是「權力」。1971 年以前，由於有美國的支持，台北擁有聯合國的席位，但是由於北京的逐漸強大，台北不只在 1971 年失去了主權國家的正當性，在 1979 年也失去了與華府的邦交。全世界目前有 171 個國家與北京有邦交，承認台北主權地位的只有 23 個小國。兩岸的物質權力目前又處於高度不對稱的狀態，這使得台北要支撐自己的「主權」出現了困難。

第三、「主權」的僵局不是不能解釋。但是台北不可能依靠國際勢力，而必須經由與北京的協商，這是兩岸與南北韓、東西德在如何處理主權爭議上最大的不同，這也就是我們為何提出「一中同表」而非「一中各表」的原因。「一中各表」很容易陷入「一個中國的主權，各自表述」的陷阱。如果我們接受《聯合報》「新新三句」的第三句，即「中國的主權和領土不容分割」，那麼台北朝野所稱：「中華民國是一個主權獨立的國家」是否已經違憲？馬英

九經常掛在嘴邊的「台灣前途由台灣地區 2300 千萬人民共同決定」，是否也等於限縮了「一中憲法」的主權，也同樣違憲，我們誠摯地請《聯合報》回答我們！

忽略了「邦聯」與「共同體」的法理與政治意涵差異

第一、「邦聯」不處理「主權」問題。《聯合報》以美國早期的「邦聯制」為例，認為「邦聯」可以用來是解決各「邦」的「主權」問題。依照國際法，邦聯本身是個極不完整的國際法人，各成員才是完整的國際法人，因此，「邦聯」基本上並不去處理，更不會挑戰成員國的主權地位。如果這是《聯合報》「一中各表」未來追求統一的可能選項或過程，那麼《聯合報》的「一中各表」就是一種「先獨後統」的設計。「先獨後統」能否為兩岸建立共識，我們高度懷疑。

第二、《聯合報》提出了「今日的歐盟二十七國，亦被視為晉階的邦聯」。我們要指出「共同體」與「邦聯」是兩個在國際法上完全不同的概念，歐洲共同體在某些方面已經是一個完整的國際法人，也是某些國際組織的正式會員。將「共同體」視為是「邦聯」的晉階，在法律意涵上是不對的。將「邦聯」與「共同體」混淆，正是《聯合

報》的「一中各表」與「一中同表」（一中三憲、兩岸統合）的最大差異。

第三、《聯合報》說「歐盟二十七國用眼界與思路解決了「主權」的問題，甚至提升了「主權」的境界與出路」，我們完全同意這樣的見解。但是我們也必須指出歐盟統合與兩岸未來統合的最大差異在於，歐盟統合是一個「主權共儲與共享」的過程，即主權原本屬於每一個成員，大家均將一部分主權拿出來儲存在共同體中，然後彼此共享共儲的主權，也是「由分到合」；兩岸統合則是「主權共有與共享」，即兩岸共同擁有整個中國的主權，在整個中國的框架內成立共同體，共享共有的主權，屬於一種「合中有分，分中求合」的路徑。

在上一文中，我們向《聯合報》誠摯地貢獻了我們從「一中兩國」到「一中三憲」的經驗，還盼《聯合報》能再仔細考慮，能否與我們一起與時俱進，來進一步考慮「一中三憲、兩岸統合」所代表的「一中同表」這樣的主張！

原文出處：《旺報》，民國 99 年 2 月 2 日。

再論兩岸應採「一中各表」

《聯合報》

我們主張，兩岸關係應當由「合理的過程」，達到「改善之目的」。此即所謂的「過程論」，以有別於過去的「目的論」。

想像中，兩岸未來的「目的方案」有四種可能：一、台獨、二、維持現狀、三、屋頂理論的政治聯結（如邦聯或歐盟模式）、四、統一。這四種「目的」，無一不需以「一中各表」為「過程」。

先說台獨。台獨活動若無「一中憲法」的中華民國為屏障，將連賴以寄生的寄主都沒有。現今的台獨，包括曾經執政八年的陳水扁台獨政府，既寄生在中華民國，也不敢撕去中華民國的護符。何況，如今不論從世界、中國大陸、台灣內部及兩岸關係發展的大局大勢看，台獨皆已無可能作為兩岸關係的「目的方案」；而只是寄生在中華民國的內鬥工具而已。

再談其他三個「目的方案」。維持現狀固然就是要維持一個「過程」；屋頂理論及統一雖是「目的」，但亦仍

需有一「過程」。且倘若此一「過程」應當符合和平、民主、國際接納,並能創造文明典範、增添人類價值成就等期待;那就必將是一個很細膩,而且耗時很長的「過程」。因而,若無「一中各表」,此一「過程」即難以維持。

所謂「維持現狀」,就是要維持「中華民國」與「中華人民共和國」皆主張「憲法一中」的「現狀」。「現狀」的事實原本如此簡明,問題卻在為如何「表述」而生爭議。由於「一中各表」的「表述程式」在兩岸間未能確立,所以「中華民國」是否「一部分的中國」亦不能確立,以至於「台灣人」是不是「中國人」也不能確立;但若這兩大政治認同皆不能確立,兩岸連「維持現狀」已屬不易,更遑論通往屋頂理論或統一之「目的」?

如前所述,欲實現任何「目的方案」,皆應當符合和平、民主等「過程」。倘若在進入任何「目的方案」前,台灣人對「中國」及「中國人」的認同皆不能建立,將憑何實現「目的方案」?絕大多數的台灣人難道有可能跳過「中華民國」,而直接將屋頂理論的「第三概念中國」或任何統一後的「中國」作為自己的政治認同目標嗎?沒有「過程」,豈有「目的」可言?

「目的論」的偏差,在過度強調「未來的一個中國」;因此對兩岸在「現在進行式」中如何處理「一個中國」的

問題沒有對策。「過程論」則是注重「現在進行式」，注重「過程」；期望以「合理的過程」達到「改善之目的」。

其實，一九九七年，前海協會會長汪道涵就曾提出「現在進行式的一個中國」的說法。這可視爲兩岸間最早出現的「過程論」。只要節述「現在進行式的一個中國」，即可看出汪道涵的思想體系。他說：「一個中國不等於中華人民共和國，也不等於中華民國，而是兩岸同胞共同締造統一的中國。」（這是屋頂理論、一中各表與過程論）又說：「所謂一個中國，應是一個尚未統一的中國，共同邁向統一的中國。」（也是屋頂理論、一中各表與過程論）不僅如此，汪道涵又說：「一個中國」不是「現在式」，因爲目前很難；也不是「未來式」，因爲可望不可及，夜長夢多。因此，何不用「現在進行式的一個中國」？（又是過程論、一中各表及屋頂理論）正是：驀然回首，「一個中國」已是「現在進行式」。

「一中各表」就是「現在進行式的一個中國」，「現在進行式的一個中國」就是「一中各表」。已在手中，何勞外求？

如今回顧，以汪道涵的人望、身分與地位，他當年提出「現在進行式的一個中國」，其眼界之寬廣、思路的靈活，與所呈現的境界高遠及出路開闊，竟是如今的後人晚

輩所遠遠不能企及。可見，有識者其實皆看到了兩岸的難題，但對如何「表述」卻在思路及境界上竟可別如天壤。近幾年來，北京方面，雖曾有「雖然尚未統一／仍是一個中國」，及胡錦濤在二〇〇八年三月布胡熱線一度承認「一中各表」等表述，可謂皆是汪道涵論述的折射，但皆惜乎膽識不足，欲言又止，欲放又收，猶豫瞻顧，使「一中各表」的「現在進行式的一個中國」未能凸顯；因此，「過程論」亦失重要憑藉，更遑論兩岸將如何通向「改善之目的」？十餘年前汪道涵能如此開放進取，何以十餘年後今人反而如此閉鎖退縮？

　　不能維持「合理的過程」，即無可能通往「改善之目的」。如果北京不接受「中華民國是一部分的中國」，台灣人如何認同「中國」，又如何自我認同為「中國人」？

原文出處：《聯合報》，民國 99 年 2 月 4 日。

再論「一中各表」
的不可行性

張亞中、謝大寧、黃光國（兩岸統合學會）

　　《聯合報》2月4日再以「再論兩岸應採一中各表」為題，繼續不點名回應了我們上一篇的質疑。在這篇文章中，《聯合報》並未提出任何新的論點，只是繼續強調，不論是台獨、維持現狀、屋頂理論的政治聯結（如邦聯或歐盟模式）或統一，「這四種『目的』，無一不需以『一中各表』為『過程』」，如果藉由《聯合報》在元旦的社論所稱，「一中各表」是唯一可以將「目的」與「過程」接軌的論述，那我們就來分析，為何我們認為「一中各表」這樣的論述無法接軌。

「一中各表」沒有指出必然的目的

　　《聯合報》在社論中已經否決了台獨可以做為「目的方案」的可能，將其界定為「寄生在中華民國內部的鬥爭工具而已」。這一點我們完全同意。但是我們要提醒《聯合報》的是，台獨如果是一個權力的鬥爭工具，那麼那一

群權力競食者也會寄生在另外一種論述中，**繼續奪權**。很遺憾的，「一中各表」正是可以提供這樣機會的土壤。

我們都曾經拜讀過《聯合報》對於李登輝立場的批判。李登輝不就是個利用「一中各表」來包裝其台獨的一個典型例子嗎？以李登輝所代表的台獨路線圖是「中華民國、中華民國到台灣、中華民國在台灣、台灣是中華民國、中華民國是台灣、台灣共和國」，如果用統獨來做為光譜定點的話，李登輝們的路線圖是「統一、維持現狀、獨台偏安、台獨」。

李登輝是一個有權謀、有耐心的政治人物，他了解到，如果不堅持中華民國、不制訂國統綱領，不足以化解非主流派對他的質疑，但是他更了解，讓台灣愈本土化愈有助於他鞏固政權。在這樣的邏輯下，「中華民國在台灣」是他權力最大化的最大公約數。對他來說，「維持現狀」只是一個兩岸「未來可以談統一，但是不必然統一、現在不談統一」的說詞而已。

李登輝在 1994 年的官方文書中把一個中國界定為「歷史、地理、文化、血緣的中國」開始，「一個中國」已經是一個文化與血緣的概念，它就已經不是個政治與法律的實體概念，如果用《聯合報》的「目的」與「過程」來說，這個「過程」已經不是必然走向「一個中國」的「目的」了。李登輝其實已經替我們回答了《聯合報》，「一中各

表」不必然是統一的「過程」。

在兩岸論述上，雖然事後證明陳水扁是一個急躁者，但是在他上任之初，他也曾提出「兩岸統合」論述，陳水扁的兩岸統合論述正是《聯合報》所主張的「歐盟模式」。在陳水扁的眼中，兩岸統合可以，但是必須先承認中華民國（台灣）是個主權獨立的國家，正如同歐洲各國也是以彼此主權獨立為前提。

我們都了解到，傳統的歐盟模式是「由獨往合，但是不必然走向歐洲統一」的模式，換言之，它不是一個以統一為「目的」的「過程」。《聯合報》在其四個「目的」中，將歐盟模式列為其中的一項，也等於告訴兩岸，「一中各表」不必然走向統一。

「一中各表」可以成為「獨台」的土壤

陳水扁 2002 年以後，喊出「一邊一國」，它口中的「一國」，自然可以是中華民國，也可以是「台灣共和國」。在本質上，這與李登輝的「兩國論」並沒有差別，差別在於他太赤裸裸了，連「特殊關係」都不提了。如果用前面的光譜來看，他直接從「中華民國在台灣」跳到「中華民國是台灣」。他缺少李登輝的耐心與權謀，但卻是李登輝的信徒。

　　馬英九上任以後，在論述上回到了「一中各表」，但是也從「中華民國在台灣」更進一步走到「台灣是中華民國」，並提出「台灣前途由台灣地區 2300 萬人共同決定」的論述。馬英九的這兩項論述，等於是從憲法或國統綱領的「中華民國主權涵蓋全中國」限縮到台澎金馬。這也是我們在多篇文章上說，就憲法的意義來看，馬英九已經幾乎走到了「獨台偏安」的道路，這其實是再一次推進了李登輝的路線圖。

　　我們想告訴《聯合報》，不只是台獨把中華民國當成內鬥的工具，很多政治人物也把中華民國這四個字當成權力鬥爭的工具。2008 年 5 月的大選，已經證明了「激進台灣」的挫敗，而且沒有機會再回來，但「穩健台獨」或「柔性台獨」隨即成為民進黨的選項，而這兩種台獨都需要「中華民國」的這個外殼掩護。他們的策略是將「中華民國」表述成一個「第二共和」的中華民國，與第一共和的分割時間點可以是 1949 的兩岸分治，1990 年代的台灣民主化，也可以是 1996 年的總統直選。換言之，民進黨未來的論述，可能選擇接受「獨台」來爭取由量變到質變的過程。

　　在另一方面，國民黨已經走到了「台灣是中華民國」這個類同於「偏安獨台」的路標，在心理認知上，它不敢回到「一中憲法」的主權觀，但是它又不敢經由修憲制憲丟掉「一中憲法」的主權規範，因此，國民黨所採取的做

法就是「明遵暗混」，即一方面強調「一中憲法」，以求穩定北京，另一方面又發表「主權限縮」的言詞，以求選票極大化。

「一中各表」無法取得兩岸共識

我們相信這些都是《聯合報》熟悉的事實，但《聯合報》在論述「一中各表」時爲何總是要迴避這些事實呢？當「中華民國」都已經可以由藍綠各表、明暗各表時，「一中」如何能夠透過「各表」在兩岸取得共識？當《聯合報》所提出的四個目的，其中台獨、維持現狀、屋頂理論的政治聯結等三個目的，都不必然是以走向統一爲必然的方向時，「一中各表」如何能夠在兩岸建立共識？《聯合報》或許想藉由維持現狀、屋頂理論等模糊選項來建立台灣內部共識，但是如何處理兩岸共識？而一個不可能取得兩岸共識的論述又如何可能建立台灣內部的共識？

我們不斷地向《聯合報》申述我們的質疑，但是《聯合報》似乎都不回應，只是一再說「一中各表」是唯一可行的過程論，甚爲可惜。雖說如此，我們還是想正告《聯合報》，我們建議兩岸可以通過和平協定來尋求兩個相互的保證，一是保證不分裂包括台灣與大陸在內的整個中國，亦即「一中同表」，二是保證彼此尊重憲政主體的平

等，這樣既是尊重現狀，就是保證了過程；也指出了目標，就是保證了目的。同時藉助共同體的建構，以制度化地逐漸化解兩岸認同的折裂，這才是正確的解決之道。關於認同的問題，請容下篇再論。

原文出處：《旺報》，民國 99 年 2 月 8 日。

「一中各表」只會讓
兩岸認同愈表愈遠

張亞中、謝大寧、黃光國（兩岸統合學會）

　　我們很高興《聯合報》在1月4日再以「再論兩岸應採一中各表」為題回應時提出了認同問題，但是我們必須要說，如果用「一中各表」做為兩岸關係發展的論述，只會讓兩岸的認同愈走愈遠。這篇回應文章，即透過《旺報》與《聯合報》討論一下認同的問題，以及如何解決。

兩岸認同的分歧關鍵在於國族認同

　　一般來說，認同包括三個重要層面：國族認同、制度認同、文化認同。國族認同是指我們認同自己的國家是甚麼，在兩岸關係上，認同的是中華民國還是中華人民共和國，以及是否認同「中國」？制度認同是指我們認同的政權體制，在兩岸關係上，認同的是台灣還是中國大陸的政治經濟體制或生活方式？文化認同顧名思義則是指自己對於文化所屬的認同。

　　制度認同與文化認同在兩岸關係上問題不大，即使是

北京也接受兩岸制度認同不一致的看法，因此才有「一國兩制」的設計。在台灣也沒有多少人會否認自己文化中的中國文化與血緣。因此，兩岸的認同的分歧關鍵在於國族認同。

所謂國族認同包括兩個問題，第一、我們的國家是甚麼？第二、我們是一群甚麼樣的人所組成的國家？第一個問題不大，在台灣幾乎沒有人會否認他的國籍不是中華民國，但是在第二個問題上，台灣內部的看法出現了很大的變化。

兩岸在 1993 年以前，基本上在國家認同上是有所歧見的，但是在國族認同上認為自己是中國人（包括「是中國人也是台灣人」）的還是占大多數，但是在 1993 年以後國族認同卻開始了「剪刀型」的交叉改變。

1993 年正是「一中各表」的黃金期，這一年辜汪會談在新加坡召開，兩岸關係飛躍發展，但是為何兩岸的國族認同卻是發生轉折呢？

1993 年可以算是李登輝開始建構台灣國族認同的元年，啟動這個建構過程的就是以「平行代表權」為由爭取重返聯合國的動作。在冷戰時代，兩岸在聯合國之爭背後是明顯的大國權力較勁，當 1971 年華府改變與北京的戰略關係時，台北就被迫退出聯合國，從此台北也了解到聯合國不是一個必要的戰場，當時的蔣經國以務實的態度推動

外交與內部建設。李登輝不是不了解在現實的國際政治下，重返聯合國幾乎不可能成功，但是他更了解，重返聯合國這個只能以國家參與的國際組織，有助於他切斷與中國的國族認同。

李登輝藉「一中各表」操弄兩岸的「國族認同」

如何塑造一個打壓自己的敵人，是建構自我群體認同的最好方法。李登輝非常了解，只要台北推動進入聯合國，北京方面一定會打壓，而北京的打壓可以為其創造兩個效果，一是讓國民黨內非主流派失去再論述統一的正當性，這種效果很容易營造，因為要與一個打壓自己的人統一不是投降是甚麼？另一是透過北京的打壓，讓台灣人民產生「命運共同體」的凝聚感，中國大陸是打壓台灣的「他群」，台灣是被打壓的「我群」，一個在文化上雖是「同文同種」，但是在政治歸屬上是「異己關係」的認同就這樣開始形成。

1994 年的千島湖事件，原本是一件旅途過程中的不幸刑事事件，大陸方面自然有責任，但是李登輝卻把它界定為「大陸同胞殘害我們的同胞」，進一步地深化兩岸的認同差異。

1994 年的《臺海兩岸關係說明書》將「一個中國」界

定於「歷史、地理、文化、血緣上的中國」，拋棄了憲法
與國統綱領「一個中國就是中華民國」的定義，徹底地把
兩岸心照不宣、可以重疊的「國族認同」部分切斷。這個
時候，李登輝已經開始用「兩國論」來處理兩岸的國族認
同，但是在說法上仍然是「一中各表」、「維持現狀」。

　　切割完了「國族認同」的「國」，即中華民國與中國
的關係，接下來就是「族」，即與中國人的關係。在 1993
年以前，中國人是一個沒有切割的概念，但是李登輝從發
表「生為台灣人的悲哀」開始，並創造「新台灣人」此一
概念，情況有了變化。族群的認同往往是建立在相對差異
面上，「新台灣人」的概念的對應面不是「舊台灣人」，
而是一個不斷在國際空間打壓台灣的「中國人」。從此，
「中國人」就從台灣人民的族群認同中切割出去。自此已
經完成了兩岸「國族認同」中「國」與「族」的切割論述，
剩下的就是等待時間強化與鞏固。

　　李登輝的國族建構忽略了一個現象，就是北京的角
色。十三億人民是否可以接受台灣切割與中國的國族建
構？這不是一個理論問題，而是一個現實必然會面對的問
題，這是李登輝沒有告訴台灣人民的，但是他的後任者，
卻是按照他的步法或激進或緩慢的前進。

「一中同表」才能建構兩岸的重疊認同

《聯合報》在社論中提到，「倘若在進入任何『目的方案』前，台灣人民對『中國』以及『中國人』的認同皆不能建立，將憑何實現『目的方案』」？我們完全同意這個觀點，我們所以要與《聯合報》分享這段國族建構史，就是希望讓《聯合報》了解，「一中各表」不僅無助於兩岸重疊認同的建構，反而掉入李登輝「台灣國族建構」的思路陷阱。原因在於「一中各表」曾經被操弄成一個刻意脫離「目的方案」的「過程方案」。

《聯合報》在社論中又提到「絕大多數的台灣人難道有可能跳過『中華民國』，而直接將屋頂理論的『第三概念中國』或任何統一後的「中國」作為自己的政治認同目標嗎？」我們同意《聯合報》的質疑，我們所提出「一中三憲、兩岸統合」為內涵的「一中同表」正是為了嘗試解決這個問題。「一中各表」是個各說各話式的表述，兩岸各說各話如何能夠建構重疊認同？用「一中三憲」來維持兩岸目前自我在各個憲政秩序的認同，但又透過兩岸承諾不分裂整個中國的約束，共創「整個中國」的國族認同，屬於一種兩岸「重疊認同」的建構與鞏固。「兩岸統合」的內涵在於透過共同體的運作，讓兩岸人民可以在整個中

國的某些事務上共同治理，這正是兩岸「制度認同」的建
構過程。

　　至於《聯合報》引述汪道涵先生的「共同締造論」，
我們在這裡就不回應了，一方面是張亞中教授已經在《中
國評論》2010 年 2 月號以《論主權共享與特殊關係》為文
探討汪道涵的觀點，《聯合報》可以逕行指正；另一方面，
願意與《聯合報》分享的是，汪道涵的思想應該不能歸屬
於「屋頂理論」，他應該也不會去支持一個「目的不定」
的「過程」。

原文出處：《旺報》，民國 99 年 2 月 9 日。

是中華民國還是「一中憲法」維持了兩岸的和平？

張亞中、謝大寧、黃光國（兩岸統合學會）

　　我們很榮幸與《聯合報》能夠有機會就「一中各表」或「一中同表」比較適合做為兩岸定位的基礎論述進行討論，我們希望向《聯合報》以及國人請教的是，究竟是「中華民國」這四個字，還是「一中憲法」的規範維持了兩岸關係的和平可能性。

　　認為只要堅守「中華民國」這四個字就等於反對台獨，並可以維護了兩岸和平，在台灣是一個幾乎很少被檢驗的論述。因此，我們反對「台灣是一個主權獨立的國家」，但是可以高聲說出「中華民國是一個主權獨立的國家」，並認為這不會影響兩岸關係。事實好像也是如此，不過，這是有前提的，而這個前提卻很少被認真地討論。

　　冷戰時期，人們都說，美國的第七艦隊保衛了台灣，這話當然對，但也沒有完全說出真實的狀況。在冷戰格局中，中華民國依賴美國的保護，也忠實履行了美國扈從者的角色，乃維持了安全並免於淪亡的命運，這自然是事實。

而中華民國當時的國家目標明確，使得國家維持了一定的
對抗戰力，亦是事實。但是我們從今天的一些解密資料裡
了解到，老蔣總統堅決不改變中華民國的法統地位，也扮
演了一定的角色。當時大陸當然還無力犯台，但也因為台
灣還未切斷與中國的關係，使得大陸放緩了對台灣的武力
進迫，這也是不可忽略的另一面向。

此後，大陸在文革後，開始改變武力解放台灣的政策，
轉向和平統一，這改變固然和整個國際冷戰格局的鬆動，
與轉向和解低盪的政策有關，但其中我們還是不能忽略，
仍然是由於我們還未改變與中國的法統關係，正是這樣一
個「不絕如縷」的紐帶關係，使得大陸有可以轉換政策的
解釋空間，因而使得冷戰後期，台灣可以在美國撤除了第
七艦隊保護傘之後，仍然獲得了相對的安全空間，得以全
力發展經濟。當然，這樣說並不是否決了《台灣關係法》
對台灣安全的貢獻，也並未忽略台灣內部由於國家目標明
確所凝聚之精神戰力的重要性。

以上縷述這些事實，是希望先凸顯一個重要的議題，
那就是中華民國法統對台灣安全的貢獻。然而在台灣逐漸
民主化的過程中，我們也逐漸看到了一個轉向，那就是我
們自己從內部開始自我挑戰這個法統。

剛開始，當挑戰只及於萬年國會時，還不出甚麼問題，
可是從直選總統開始，李登輝便有計劃地逐步嘗試改變這

個法統。當然，李登輝一直在小心區隔，他在言論的層次經常放言高論，比如說「中華民國只有兩歲」之類，但在法律層次則是以剝洋蔥的方式，每次修憲便撕掉法統的一層外衣，但他也始終不去碰觸那最後的憲法實體部分。這裡表示了一個事實，也就是政治人物其實心知肚明，亦即當大陸始終祭出和平統一與不排除武力的兩手策略時，中華民國憲法法統的維繫，就是一個為維護台灣安全而不能撕掉的窗糊紙，可是他們卻一直圍繞在憲法實體的周圍，來撩撥民粹的情緒，以賺取他們最大的政治利益。

這樣一種剃刀邊緣策略，從某種程度來說，是相當成功的。比如說李登輝在發表兩國論，實質上已經等於宣告採取獨台政策之後，仍然在整個危機處理的過程中，一口咬定並沒有改變「一中各表」的立場，而在國際勢力的微妙平衡關係中，這樣的說詞至少在台灣民眾看來，似乎是又一次「輕騎過關」了。於是這就逐漸累積了一個印象，這印象通俗些說，就是「很好混」，中華民國的法統，用個戲謔的說法，就是很像用過即丟，而且「完全感覺不到它的存在」的保險套，只要能向各方交代得了某些「過場」就可以了。

李登輝的這種策略，到了陳水扁手裡，更是被發揚到了極致。陳水扁最有名的策略，就是「進兩步，退一步」

的做法，先是撩撥你的情緒，讓你 high 到最高點，然後再彷彿很顧全大局似的，把「保險套」拿出來用一下。他說一邊一國是如此，他「廢掉」國統綱領亦復如此。

經過這麼多的周折，台灣社會幾乎有了一個普遍的印象，那就是已經沒有人知道中華民國的法統是甚麼了，一個中華民國，大家都可以任意表述，而經驗告訴我們，只要勉強維繫著「中華民國」這幾個字，其它都可以不用太認真了。於是，今天如果在街頭做個民調，大概很多人都會說，只要不丟掉中華民國四個字，兩岸就可以「混得過去」。換言之，多數人都已經從經驗法則中得到了一個結論，即「中華民國這個名號保衛了台灣」。

我們必須指出，《聯合報》的《元旦六論》正是犯了這麼一個可怕的認知錯誤。《聯合報》在《六論》中，反覆地提出了一個觀點，即它希望能讓民進黨也效忠中華民國，這樣就可以凝聚台灣的共識，並穩定住兩岸關係。這樣的講法之危險當然是很顯然的，《聯合報》想必知道，民進黨的台灣前途決議文早已某種程度地「接受」了中華民國，甚至更早些說，施明德在喝大和解咖啡時，也已經接受了中華民國，但民進黨所說的中華民國，是甚麼內涵，《聯合報》會不知道嗎？這樣的中華民國內涵和中華民國的法統是一致的嗎？馬英九在暢言「台灣是中華民國」、「台灣前途由台灣 2300 萬人共同決定」時，其實已經在限

縮中華民國的主權範圍、這樣是否已經實質上地改變了法統？

　　《聯合報》在幾篇回應文章中，始終不回答我們這個問題，不回答是無法回答嗎？我們當然相信是的，這麼明顯的問題，《聯合報》當然不會不清楚。但《聯合報》畢竟還是提出了上述主張，這不是表明了《聯合報》也認為是「中華民國這個名號保衛了台灣」了嗎？

　　但這樣的認知，其問題在哪裡呢？台灣有一些所謂的戰略專家，理論大師，他們常有一個論調，就是認為其實是大陸根本沒有力量打台灣，其原因是因為美國與大陸自己的內部問題，所以台灣根本沒有必要自己嚇自己，我們只要不要給華府與北京下不了台，大陸就奈何不了台灣，而維持著中華民國的名號，就是不會讓美國與大陸下不了台的作法。至於其內涵是借殼上市也好，是偷樑換柱也好，根本就無所謂。

　　做這樣分析的人，如果不是對北京無知，就是別有居心。我們同意，大陸現在的軍事力量，的確仍差美國一截，而大陸為爭取其戰略機遇期，以便它能順利崛起，它也的確沒有「破壞和平」的理由，所以它恐怕真的是不想打、不能打，也不應打。但是我們也的確不能忽視大陸自己訂定的反分裂法，以及這個法在政治上對大陸領導人的拘束

力。反分裂法的內容規範了他們不以和平方式解決台海問題的唯一狀況，就是法理台獨，而甚麼叫法理台獨呢？我們相信這並不需要多高深的法律知識，只要看過反分裂法的人大概就會知道，只要背離了中華民國法統，大約也就碰到了那條紅線。請注意，這絕不是說，只要維持中華民國的名號，就不會有紅線的問題，這個認知是至為關鍵的。今天如果只有民進黨背離了法統，大陸也許覺得事尚有可為；但假如照《聯合報》的論點，那不就是全台灣大家一起去踩紅線了嗎？然則《聯合報》還真的認為這樣可以穩定兩岸嗎？

我們真的無意要和《聯合報》打這場筆戰，只是實在心所謂危啊！請容我們再度強調，千萬別誤認，中華民國的法統縱然不是捍衛台灣安全的唯一武器，但它絕對是台灣安全因素中的必要條件，少了它，兩岸關係就有可能從和平發展逆轉！我們願以此和《聯合報》及關心台海安全者一起分享！

原文出處：發表於民國 99 年 3 月 26 日政治大學國際關係研究中心「歐盟暨兩岸統合研究中心」舉辦之「如何面對一個中國與兩岸定位」研討會。

從《聯合報》「一中各表論」看兩岸關係的隱憂

──寫在兩岸統合學會與《聯合報》論戰之後

謝大寧（兩岸統合學會）

前言

今年元旦期間，《聯合報》連續以六篇社論，非常聚焦地討論了一個攸關兩岸未來發展的問題，並強烈主張大陸應慎重考慮接受一中各表的論述，以徹底化解兩岸因台獨所帶來的危局。換言之，《聯合報》有意圖希望能以這樣的論述為兩岸未來可能展開的政治談判定調。

針對《聯合報》的這一看法，兩岸統合學會認為其中事實上埋伏了許多論述上的盲點與危險，為此，乃由張亞中、謝大寧、黃光國三位教授聯名，於《旺報》發表了〈六問聯合報〉。隨後雙方又針對彼此的論點發表了幾輪回應。

從這次的討論來看，它也許是近年來藍營內部最重要，也最具意義的一次路線論戰。關心此一議題的朋友，已經可以在《旺報》與《中評網》上看到我們辯論的內容，但是可能並不十分清楚我們之所以要發起此次論戰的緣由與

影響，因此，兩岸統合學會特別將此一重大論戰撰文分析，交代有關此次論戰的背景，以便讓這次論戰的脈絡，以及它未來可能的影響能夠更為清晰，也協助讀者了解其中的關竅。

一、《聯合報》的「一中各表」論

「一中各表」這個說法出台大約也有十幾年了，剛開始只是媒體的概括性用語，用以描述 1992 年海基海協兩會所達成的共識。當時的共識乃是兩岸都堅持一個中國的原則，但不討論一個中國的內涵。基於這樣的共識，兩會乃能展開底下的事務性協商。

換言之，「一中各表」剛開始的時候並不是一個嚴謹的概念，作為一個不精確的描述語，也許也沒多大問題，可是當他從媒體標題，變成為一個政治概念時，其性質就開始改變了。

它最大的改變，從 1993 年李登輝將「一個中國」去政治與法律化開始，把「一個中國」定義成「歷史、地理、文化、血緣上的中國」。隨後在 1995 年李登輝的訪問康乃爾大學上，李登輝充分運用了語言的不確定表意空間，把「一中各表」的重點轉置到了「各表」之上，從而將這個描述性的用語，轉成為了一個不確定的概念，從此，「各表」的定義權與詮釋權便都變成了李登輝的專利。而也從

此開始，兩岸陷入了長達十二年的「獨與反獨」的衝突之中。這段不堪回首的歷史大家想必都記憶猶新，我們也就不再多所贅述了。

隨著 2000 年國民黨的下野，李登輝也被清算出去。但是在長達八年的在野過程中，國民黨並未改變從李登輝開始確立的「一中各表」說法。換言之，李登輝成功地藉助將「一中各表」四個字概念化，而持續支配著國民黨兩岸論述的基本框架，只是在詮釋上，也許不像李登輝那麼「自由心證」就是了。

依照國民黨後來使用的詮釋來看，「一中各表」大致維持著國統綱領的架構，也就是「一中」是指中華民國，現在兩岸處於分治的狀態下，由於中華民國已經結束了動員戡亂時期，所以視大陸為在中共有效治理下的一區，於是兩岸就成為了「一國兩區」，這一國對台灣而言是中華民國，對大陸言則是中華人民共和國。當年，連戰就是帶著這樣的說法，敲開了國共再度合作的大門，並開始以「九二共識」來模糊化處理這一表述。

這也就是說，國民黨雖仍繼續使用「一中各表」這個概念，但因為詮釋上的小心翼翼，讓大陸認為國民黨又回到了一中原則之上，因此雖然這和九二年雙方達成的默契並不完全一致，國民黨也儘可能不再說出「堅持一中原則」

這幾個字,雙方還是可以用「擱置爭議」的方式,來維持交往的勢頭。

國民黨的這樣表述,在扁政府時代,無疑是一個階段性的「聰明」策略。藉此,國民黨有效區隔了與民進黨的路線差別,也給出了兩岸許多想像空間,又不必在劣勢狀態下,挑起內部的路線之爭,在深藍與本土派之間,不必自己先廝殺一場,也某種程度上迴避了民進黨「愛台灣」的民粹攻勢,因為它可以堅稱並沒有鬆動中華民國的主權立場。

到了 2008 年,在扁政府貪瀆聲中,馬政府成立,馬英九也順理成章接收了這樣的詮釋。由於馬原本就參與過國統綱領的起草工作,由他來做詮釋,也似乎更有了臨場感。然而很不幸的是一點,當年的國統綱領乃是一個國民黨內主流與非主流妥協的產物,表面上它叫做「國統綱領」,實際上則是可以成為不統一的綱領,因為它根本就沒有設計從中程階段轉至遠程階段的轉換機制,也將民主、自由、均富這些沒有完整定義的概念做為統一的條件,於是這個綱領實際上只能夠把中華民國邁向統一的進程,鎖死在近或中程階段,這後遺症當然就會在馬執政後出現了。怎麼說呢?

在國統綱領裡,它把近程階段定在所謂的「互不否認對方為政治實體」,這樣的「互不否認」對於兩岸處理事務

性問題，是沒有影響的，所以從 2008 年開始，中斷十年的兩會協商重新點燃，兩岸關係快速解凍，在先經後政（只經不政）的指導原則下，彼此的交流如水銀瀉地般展開。

我們都看得到，大陸在這一年多來，各項惠台政策的出爐，其「要五毛給一塊」的做法，當然有特定的指向，也就是希望兩岸能在一段時間的交往之後，能夠邁向政治問題的處理。然而一旦要跨入政治協商，也就要開始觸及國統綱領裡從近程跨向中程階段的問題了，那麼還能不能不把「互不否認」或「政治實體」的內涵講清楚呢？這問題不講清楚，它恐怕連近程到中程的階段都會卡住，更不要說進入中程或遠程的階段了。

也許有人說，即使在馬上台後，國統綱領不是實際上還是遭到擱置嗎？為什麼還要討論這一段呢？說國統綱領遭到馬的擱置，這當然也是事實，但他只是不再提，也不重組國統會而已，國統綱領的「思維」對馬還是有相當拘束力的，所以我們當然得把這其中的奧妙講清楚。講清楚這段還有一個更重要的理由，那就是唯有了解了其中奧妙，才能看清楚《聯合報》何以要在此時以如此篇幅慎重處理一中各表的原因。

說穿了，這就是《聯合報》已經清楚感受到了，兩岸逐漸開始有了必須進入政治對話的壓力。雖然《聯合報》否

認他們的講法和馬政府有關，但敏感的人恐怕都會感受到
這其中可能並沒有那麼簡單。這也就是說我們可以視《聯
合報》這系列的文章，乃是為馬政府借箸代籌，替兩岸進
入政治對話在預作準備，而其中心思想就定位在「一中各
表」這個「概念」上。

　　《聯合報》為什麼要做這樣的定位，其原因也很簡單，
因為國民黨這些年來已經完全把自己卡在了這樣的表述之
中，它已經沒甚麼迴旋空間了，而且它可能也覺得這幾年
來，它不斷地講，也沒看到大陸有甚麼正面的拒斥動作，
所以它會覺得也許還真可以試試看，說不定可以成呢！

　　那麼《聯合報》的定位，也就是它所說的「一中各表論」，
其具體內涵是甚麼呢？在我們連續幾問的追問下，《聯合
報》終於從其一開始有些模糊的說法裡，清出了幾個基本
的內涵，首先它確認是依據一中憲法，其次則是以中華民
國與中華人民共和國相對等的方式出現，第三是中國的主
權不容分割。對這些內涵，《聯合報》將之表述為「新新
三句」，即「世界上只有一個中國，中華民國與中華人民
共和國都是一部分的中國，中國的主權和領土不容分割」。

　　關於《聯合報》這樣的「一中各表論」，我們在文章中
已然指出了它的基本問題。簡單說，《聯合報》的這個最
後表述，其邏輯性已經比較完整，也比它社論一開始時，
整個論述中華民國主權範圍游移不定的狀況，要明確多

了。可是這樣的表述也許適用於國統綱領剛訂定時的狀況，或者最多適用於兩岸非政治性交往的階段，彼此以模糊方式相互對待時的各說各話狀態。可是當兩岸要進入政治性協商時，「主權」與「一個中國」的問題是不可能迴避，兩岸未來的和平協定不太可能是一個「各說各話」的協定，這一點我們也在回應《聯合報》時說的很清楚。

另一方面，民進黨最大的可能性至多就是接受一個主權限縮了的中華民國，如果馬政府接受一個限縮主權的中華民國，北京也不可能接受。因此，在兩岸關係上，可能會造成中國主權分裂的論述，自然無法成為一個有效的論述。關於這點，在我們的文章中敘述已多，此處不擬重述。就本文言，我們更關注的則是《聯合報》這樣的表述所可能為兩岸和平發展帶來的隱憂。

二、從「一中各表論」所反映的偏安意識

《聯合報》在我們連續的六問之後，曾以略帶憤慨的口吻，指責我們為他們扣上了一頂「獨台偏安」的帽子。的確，這頂帽子是有些沉重，尤其《聯合報》在一般的印象中，大概是台灣最能保持中國意識的媒體了，所以台灣的獨派人是每每以《聯合報》為所謂的統派媒體之代表，而我們今天為《聯合報》主張做如是之定位，當然讓他們有

些受不了。可是事實真相是如何呢？

我們之所以要說《聯合報》乃是獨台偏安，其原因就在它所說的中華民國，其實質的意涵已經改變了。在法律用語上，中華民國是一個主權國家的概念，它的主權涵蓋全中國，而目前的治權則限縮在台澎金馬。就這點言，《聯合報》在和我們幾度攻防之後，終於接受了我們的說法，而言必稱「憲法一中」。可是法律用語的層面是一回事，但《聯合報》乃至國民黨今天之所以要堅持「一中各表」的想法，卻是基於政治上無以對抗從李登輝到民進黨在論述上的壓迫所致。這只要從其用語上，始終要強調「中華民國是一個主權獨立的國家」與「台灣的前途必須由兩千三百萬人決定」便可以看得出來。

說「中華民國是一個主權獨立的國家」，這句話孤立來看，當然不能算錯，但這裡講的「主權獨立」應該是甚麼意思呢？從其原本的意思，應該是指獨立於世界上的其他國家，但這其它國家就是不應該包括中華人民共和國在內才對。可是就所有他們表述的語意來看，所謂的主權獨立，那獨立的區隔對象，卻都是指中華人民共和國而言。

我們只要對比一下，兩蔣時代有誰會強調中華民國乃是主權獨立的國家呢？那個時代，台灣總是說「王業不偏安」，中華民國就是中國，所以在面對大陸的時候，根本就不會有主權獨不獨立的問題，而只有制度的問題，然而

現在為什麼不再強調制度問題，卻要說主權獨立的問題呢？這不就是王維說的「初因避地去人間，及至成仙遂不還」，也就是中華民國避秦來台，現在要一去不還了嗎？

在這樣的語意中，請問中華民國還有沒有回到中國的雄心壯志？民進黨在其台灣前途決議文中說「台灣是一個主權獨立的國家，它現在的名字叫做中華民國」，而《聯合報》與國民黨就只會模仿而說「中華民國是一個主權獨立的國家」，這樣詭辯式的語意，除了拾人牙慧之外，不是一種偏安的心態是甚麼？

至於說「台灣的前途必須由兩千三百萬人決定」這句話，當然是一句民粹式的語言。這句話從某種角度看，也有其不可反對的地方。就台灣現在的政治運作言，有哪一項不是由兩千三百萬人決定的？可是這句話的問題不能如此簡單看，我們得分兩個層次，一個是就治權的角度說，今天兩岸治權是分立的，這連大陸也承認，所以才會要有那麼多的事務性協商，這些協商事實上就是互相肯定彼此在其管轄範圍內的治權的明證。以此而言，台灣行使治權，的確只需要兩千三百萬人決定，同樣的，大陸也不需要在行使其治權時，來徵詢台灣的民意。

可是若是就主權的層次說呢？這恐怕就是另一個問題了。如果從憲法上說，中華民國的主權是涵蓋全中國的，

現在假設台灣同意把澎湖賣給日本，這買賣可不可以成立？大陸的人民可不可以管這件事？或者反過來說，大陸現在若決定要賣澎湖，大陸可不可以說這是大陸民意同意的，台灣不可以管？或者再舉一個也許不恰當的例子，如果今天大陸允許西藏獨立了，台灣該不該表示意見？中華民國憲法可還把西藏視爲一個地方呢！台北難道不該有意見？

　　可是當《聯合報》以及包括馬英九在內的政治人物，言必稱「台灣的前途必須由兩千三百萬人決定」時，有爲我們做這樣的區分嗎？而我們若仔細推究其語意，當他們在說「台灣前途」這個詞彙時，究竟是指治權的層次多，還是主權的層次多？這應該很容易理解吧？我們當然也可以說，假設有一天兩岸達成了某種政治協議，這樣的協議恐怕不可免於交付台灣民意複決，若是如此方式的決定台灣前途，則也無可反對；但是這是政治人物在講「台灣前途」這詞彙時的主要意思嗎？

　　《聯合報》當然可以認爲我們的指述乃是某種政治汙衊，也可以指責我們不知道台灣政治環境的險惡，或者認爲我們不知道心照不宣、忍辱負重的道理，這些評語我們都可以接受，可是我們也必須說明，我們指出這些重點，只是要描繪一個趨勢。正是這個趨勢，已經引導著馬英九必須天天表態「以台灣爲主，要台灣優先」了，現在又進

一步要讓《聯合報》和國民黨必須選擇「一中各表」作為其基本論述，那麼當這些話說上一千遍一萬遍時，還有誰會再去管中華民國與中國聯結的問題呢？

有誰能否認，偏安已經是台灣一個不可遏抑的趨勢了呢？然則《聯合報》在抗議我們的指陳時，有否考慮到他們曾為遏止這個趨勢做過甚麼努力嗎？還是順著這個趨勢而隨波逐流了呢？

而這裡更重要的問題則是，台灣的偏安趨勢，將會為兩岸的和平發展帶來甚麼樣的變數？底下我們就想提出一個可能帶來的重大問題，而這問題也正是兩岸統合學會甘冒大不諱，要起而發動這場論戰的主因所在。

三、「一中各表論」將成為民進黨的護身符

前年，民進黨被徹底擊潰，其主要因素與其說是因為馬英九的魅力，不如說純然是因為陳水扁的失敗。陳水扁把「激進台獨」玩完了，這是連民進黨都承認的事。於是幾乎所有論者都說，台灣民眾被陳水扁爆衝式的作風給嚇壞了，因此如果民進黨無法改變論述與做法的話，它將永遠無法重返執政之路。

這樣的判斷，我們基本上是同意的，但是許多論者說民

進黨一定要往「中間」靠攏，我們卻對「中間」這兩個字頗感疑惑，到底甚麼才是中間呢？現在我們從「一中各表論」之中，卻赫然發現《聯合報》已經送給了民進黨的一份大禮，但是卻會爲兩岸的和平發展帶來一個大災難，怎麼說呢？

民進黨這一年來，的確有許多「有識之士」在思考其出路，其中最值得注意的就是所謂的「穩健台獨論」，或是「柔性台獨論」。這樣的論點，其特色是一致的，就是寄託在中華民國的殼子內，用委屈周折，以拖待變的方式，來爭取時勢的變化，從而有一天可以終於等到台獨。這樣的說法，嚴格來說，還不能構成一個論述，充其量只是一種方向而已，其可操作性是不明確的。然而現在《聯合報》卻奉送一個可操作性給了這些說法。

我們且來想像一下，《聯合報》說，民進黨可不可以用接受中華民國體制，來做爲送給中華民國百歲大壽的賀禮。現在民進黨如果夠聰明的話，它只要做一件事，那就是宣布接受中華民國，並向國民黨發出一項質疑，要國民黨說清楚「中華民國的主權到底涵不涵蓋全中國，還是只是限縮在台澎金馬」，它就可以等著收割戰果了。爲什麼呢？

第一，當民進黨宣布接受中華民國時，國民黨要不要表示歡迎？而當民進黨接受的是第二共和的體制時，國民黨

要不要接受這樣的詮釋？國民黨若接受了，是不是表示國民黨接受了中華民國主權已經限縮？那國民黨需不需要擔心兩岸關係可能生變？若國民黨不接受，民進黨馬上扣帽子，說國民黨講「愛台灣」都是假的，這時國民黨受得了受不了？到時國民黨若被迫說出來，中華民國主權涵蓋全中國，這樣的論述在台灣的言論市場上，將會遭到甚麼樣的嘲笑？尤其當國民黨的意識形態已經朝偏安的方向走時，有多少國民黨的高官與學者還能理直氣壯地和民進黨爭辯？

我們從國民黨近年的慣性，幾乎可以想見，它也只好向第二共和的論述靠攏，以便「爭取中間選票」，至於會不會導致兩岸關係的變局，那就只好見招拆招了，反正先穩住政權再說，大陸如果要發脾氣，也只好嘻皮笑臉一番，再去跟大陸說我是選票考量，讓我當選總比民進黨好嘛之類的說詞。這樣，民進黨就可以躲在國民黨的背後，來坐收漁利了。而且民進黨還可以挖苦國民黨一下，說民進黨還是有智慧可以捍衛台灣主權，同時穩住兩岸關係。而若大陸真生氣了，那反正國民黨和民進黨一起遭殃，那時民進黨只要把責任往國民黨身上推，並且號召民眾起而捍衛台灣，屆時國民黨會不會變成豬八戒？

第二，當民進黨做上述的「轉型」之後，大陸又該如何

應對？大陸說兩岸現在的和平發展，乃是大陸在和平崛起過程中的歷史機遇期，那麼大陸是要對民進黨的轉型隱忍，接受這樣的「獨台」論述呢？還是跟它翻臉？有國民黨擋在中間，北京要翻臉又怎麼翻法？民進黨對大陸的翻臉，早已經是死豬不怕開水燙了，北京的翻臉有用嗎？

而更重要的是，這個翻臉與國民黨的連動關係是很大的。如果國民黨為了兩岸關係，而選擇放棄第二共和論，那它就有可能因為論述的無法說服民意而再度下野，這時大陸怎麼辦？而若國民黨迫於形勢，接受了民進黨獨台的說法，大陸又該怎麼辦？放棄大陸的發展，而與整個台灣展開劇烈鬥爭嗎？屆時，大陸是不是也會落入深不是淺不是得尷尬處境？

這樣的分析，當然有些預測成分在內，可是卻是很可能發生的場面，而且我們已經看到了一些跡象，民進黨確實很有可能選擇這樣一條路，到那時，《聯合報》這樣的主意，會不會搬磚頭砸了自己的腳？可是很不幸的是，《聯合報》乃至國民黨至今對此似乎都沒有警覺，我們真的不知道該怎麼說了。

今天，我們兩岸統合學會就好像那個說國王沒穿衣服的小孩，我們是說出了我們的憂心，也預見了一場兩岸可能的災難，但「大人們」卻似乎嫌我們太吵了，怎麼辦呢？難道謀國者真要讓卡珊卓拉的預言成真嗎？還是我們要不

要開個賭盤，來對賭一下民進黨會不會真的拿一中各表來當護身符？

結語：不要讓 2012 年成為一場「顯性獨台 vs. 隱性獨台」的的大選？

我們一直覺得，在台灣的兩岸論述中，存在著一個神話，那就是有人認為可能在那麼多的矛盾擠壓中，而可以「維持現狀」。如果真有人可以辦得到，那他的平衡感一定是超乎常人的。坦白說，《聯合報》的「一中各表論」就是這麼一個「想當超人」的例子，而當這個想法也正是國民黨的想法時，我們就不能不為底下的兩岸危局而憂心了。

一個很明顯的趨勢是，從「一中各表論」，我們已經看到了台灣在國家定位上，國民兩黨在這裡的差別已經越來越不清晰，民進黨即將放棄激進台獨路線，但它最多也只能轉向「獨台」路線；而國民黨如果說它也是獨台，這帽子也許過於沉重，但坦白說，也差不到哪裡去了。目前的情形是，民進黨是一個可以大聲說出中華民國主權限縮在台灣的「顯性獨台」論者，可是國民黨卻有可能是一個「猶抱琵琶半遮面」，明的主張「一中憲法」，暗的發表「主權限縮」的言詞。如果國民黨走到這一步（其實現在已經

是這樣了），那就是另一種「隱性獨台」。

　　相較於 2008 年在兩岸論述上，是一場「激進台獨」與「一中各表」的戰役，2012 年的大選有可能是「隱性獨台」與「顯性獨台」的較量，那麼不管誰贏誰輸，「獨台」將成爲台灣的主流。然則這樣一來，兩岸關係將帶入一個極不確定的狀態。思及此，因此，我們以爲千萬別小看《聯合報》這次「一中各表論」的影響！這也許不是《聯合報》的初衷，但是其結果極有可能如此。

　　兩岸統合學會努力的目標，就是不要讓 2012 年的大選成爲「顯性獨台」與「隱性獨台」的匯流，我們希望國民黨能夠清楚地標示出「一中同表」的立場，脫離「隱性獨台」的論述，不再含混地處理兩岸政治定位，如此才能夠與民進黨在 2012 年的大選中有效區隔彼此在兩岸定位上的論述，也才有助於勝選並爲兩岸和平發展厚實基礎。

原文出處：《中國評論》，2010 年 3 月號。

第五部分

連結論可否失去
統的想像與目標

《聯合報》與兩岸統合學會

可以不統一、不能不和平

《聯合報》

　　楊秋興宣布退黨競選，對兩岸關係發表新論。他說：應當體認兩岸關係不再是「敵對的關係」。

　　兩岸為何會有「敵對關係」？一、台灣欲推動法理台獨，北京反對，因而敵對。二、北京欲推動「誰吃掉誰」的統一，台灣抗拒，因而敵對。三、以上二者，皆可能引爆戰爭，因而敵對。

　　所以，兩岸若欲改變「敵對關係」，方法就是「不統／不獨／不武」。此一觀點，即使不是馬英九總統說的，也是正確的；甚至，倘若不是馬說的，撇開逢馬必反的炒作，更能體會其正確。換句話說，就是：「正視現實／和平發展」。

　　近幾年來，「不統」的觀念略有進展。台美中三方面「維持現狀」的默契與實踐，雖然並未消除「統一」的議題，但已明顯放鬆放緩其壓力與張力。再者，馬政府以「不統」為明文政策，這也是前所未見的重大突破（當然是以「不獨」為支撐條件）；「一中各表」即可視為「不統／

不獨」（或許也可視爲「亦統／亦獨」）。至於北京方面，除了接受「不片面改變現狀」的國際承諾，也提出「雖然尙未統一／仍是一個中國」，或「兩岸可就國家尙未統一的特殊情況下的政治關係展開務實探討」，甚至放出「討論中華民國定位問題」的試探等等；這些皆顯示「統一」的內涵或許有調整演化的空間，更顯示「統一」的壓力已放鬆放緩。

　　所以，如今可能造成兩岸「敵對關係」的主要因素就在「台獨」。全球情勢演化至今日地步，台獨已不可能解決兩岸問題，唯一的作用就是造成兩岸「敵對」；台獨亦不可能解決台灣內部的問題，主要的作用就是造成內部「敵對」。台獨造成了兩岸「敵對」，但不能動到北京一根汗毛；造成了台灣內部「敵對」，卻能撕裂國家社會。這樣的「敵對」，豈不正如楊秋興所說的「無謂的抗爭」？

　　「不統／不獨」是相因相成的概念。台灣不獨，可放鬆放緩北京促統的壓力；北京放鬆放緩促統的壓力，可淡化、柔化、轉化台獨的氛圍。因而，對於中華民國執政者的兩岸戰略而言，關鍵是在「不獨」；「不獨」始有可能維持「不統／不武」的局面，也始有可能以推動 ECFA 等作爲來維持兩岸的「和平發展」。

　　相對以觀，民進黨迄仍不能否棄台獨的主張，除了使兩岸及台灣內部皆陷於「敵對關係」，亦使它自己被台獨

挾持而不能施展。以 ECFA 而論，就是欲化解「敵對關係」的重大工程；但民進黨若主張台獨，就必須堅持「敵對」，則豈能贊同 ECFA？而若欲在執政後廢止 ECFA，更必將使兩岸陷入「敵對」。尤其，沒有 ECFA 就能台獨建國嗎？

　　民進黨迄今仍將「台獨」視爲「統一」的對立詞。好像不主張台獨，就是傾中賣台，就是贊同統一。但是，經歷多年激盪澄清，台灣的政爭其實主要是在「台獨／非台獨」的爭議，而非「台獨／統一」的爭議。如前所述，馬總統也說「不統／不獨」；而連胡錦濤也放淡了「和平統一」，轉爲強調「和平發展」。可以這應說：兩岸當局及主流民意如今努力的主要目標是「和平」，而不是「統一」。

　　楊秋興說「兩岸關係不再是敵對關係」，這應是兩岸之間及台灣內部的最大公約數。即使民進黨，也不至於公開主張兩岸應當陷於「敵對關係」。民進黨的政治罩門不在主張「反統」，而是主張「台獨」。兩岸不統一或暫不統一，皆有可能維持和平；但主張台獨，卻只有「敵對關係」一條路可走。在兩岸關係上，「台獨」是「和平」的對立詞。

　　因此，若將兩岸關係化約到「和平」二字，就知道，即使「反對統一」、「尚未統一」、「暫緩統一」或「不知能否統一」，仍應當並可以維持「和平發展」。

　　和平促進發展，發展促進和平。唯有維持兩岸「和平發展」，始有可能從長期的、善意的、民主的「發展」中，蓄積條件，找到兩岸永久「和平」的終極方案。

原文出處：《聯合報》社論，民國 99 年 8 月 30 日

選舉勿以惡化
兩岸認同為代價

張亞中（兩岸統合學會）

　　研究兩岸關係的學者大多知道，兩岸的重疊認同，沒有因為馬政府上台與兩岸關係改善而增加，反而持續分歧。泛藍學者不願多提此事，擔心破壞兩岸不易得來的機會，泛綠學者樂於看到這種趨勢繼續下去，也不願點破。為何兩岸重疊認同沒有增加？從這一次陸委會賴幸媛主委在美國企業研究所的一番談話，可以得到清楚的答案。

台北的政治語氣轉強硬

　　在這篇演講中，陸委會主委不僅不提「一中各表」，連「九二共識」也絕口不提，的確有些不符合國民黨的主張。但是，賴主委要求美國與台灣「強化官方之間的實質、有效的政策對話」，以及以「中華民國是一個高度民主的主權獨立國家」為基礎，強調「台灣的未來由 2300 萬人民作出民主、自由的選擇，不能任由中國大陸片面決定」、「兩岸開啟政治及軍事性談判的時機與條件還不成熟，不

能因為北京單方面有急迫感，就要台北配合北京的主觀期
待」，不也是馬英九的看法嗎？賴幸媛主委演講中清楚地
表示，北京應該「廢除武力對台的法律」，這是馬政府官
方首度呼籲大陸廢除《反分裂國家法》。在被問到大陸國
防部發言人指兩岸可在「一個中國原則」下談撤飛彈，賴
幸媛強調，撤飛彈需要的是行動，而不是談判，明確表示
這是北京展現政治協商誠意的條件，而不是談判的內容。
很明顯地，在 ECFA 簽署後，台北的政治語氣強硬不少。

即使兩岸已簽署了十多項協議，包括最重要的 ECFA，
但是馬政府從不願將兩岸得之不易的成果轉化為兩岸重疊
認同的累積，從「先經後政」到「只經不政」的政策與說
法凸顯台灣主體性沒有受到傷害，反而更為鞏固。馬政府
的理由很簡單：為了選舉需要。

為證明維護台灣主體性

賴主委這篇完全符合民進黨觀點的談話，可讓國民黨
未來在五都選舉文宣或造勢場合中清楚地證明，馬政府並
沒有在「一個中國」原則下達成 ECFA，堅守了台灣人民
對於統或獨的自決權；國民黨仍將繼續向美國購買軍品，
與美國維繫著虛擬的同盟關係；馬政府多麼強硬地堅持「撤
飛彈」不可與「一中原則」掛鉤，而且還大聲要北京廢除

《反分裂國家法》。馬政府所有的行為都維護了「台灣主體性」。

「認同」是一個社會化的過程，建立在一點一滴的累積基礎上。李登輝與陳水扁執政時期，透過「去中國化」的教育過程，製造兩岸互不信任的環境，來強化兩岸的「異己關係」。兩岸的認同就在這樣的政治操作下愈行愈遠。

或許是 ECFA 已簽署，賴主委可以放言暢談與綠營沒有什麼本質差別的看法；也或許是為了選舉與美國需要而做的表態。無論如何，這些談話冷冷地繼續傳達了兩岸本質上是「台灣是台灣、大陸是大陸」的「異己」論述，談話中沒有任何有助於建立兩岸重疊認同的痕跡。

靜待馬政府的後續態度

國民黨在面對北京時，經常掛在嘴邊的一句話就是，「如果選舉輸了，任何主張也沒有用」，來為少談「一個中國」解套。問題是，每年都有選舉，每次選舉都很重要。只要為選舉，以前是「一中各表」，現在是「九二共識」都盡量少提，至於是否已失掉黨的立場，或是已在根本上破壞了兩岸認同，也在所不惜。

賴幸媛當然不是國民黨籍，但沒有人會否認，她是代表國民黨馬政府主管大陸事務的首長。我們可以靜待馬英

九與國民黨，如何看待賴主委的談話？我們也願意提醒馬政府，一個沒有重疊認同的兩岸關係不可能讓兩岸關係永久和平發展下去；兩岸持續分歧的「異己關係」，對兩岸關係完全沒有好處。

　　期望馬政府不要再以選舉爲理由，以繼續惡化兩岸認同爲代價。

原文出處：《旺報》，民國 99 年 8 月 10 日

「一中各表」與「九二共識」的盲點

張亞中（兩岸統合學會）

在簽署 ECFA 以後，不論台北是否願意，兩岸有關政治定位的討論必然曾登上舞台，近來，大陸方面的智庫學者開始在認真研究「一中三憲」是否可以做為兩岸政治定位的解決方案，但是台北方面，仍停留在「九二共識」或「淡化一中」的消極性思維，還認為「一中各表」已是台北方面能夠接受的最低底線，而忽略了內外情勢早已經有了改變。

「九二共識」用法使得「一中」逐漸失去正當性

「九二共識」這個用詞，眾所週知，這是當時已經在野的蘇起先生，在 2004 年 4 月 28 日所提出。以所以用「九二共識」來取代「一中各表」的用法，是寄望執政的民進黨，可以在不提對民進黨極為敏感的「一中」的前提下，接受「一中各表」的精神，繼續推動兩岸事務性協商。不過，民進黨並不領情，不認為兩岸有「共識」，只接受「九

二年香港會談」的用法。

「九二共識」的用意良善，但是卻已經產生了不利兩
岸關係發展的政治性後果。使用「九二共識」，而非「一
中各表」，在政治意涵上，是「一中」立場的退卻。研究
政治學的都了解，任何一個名詞的使用，都會產生政治社
會化的效果。長久不談「一中」，等於暗示「一中」是個
已經失去正當性，是個有問題，或不利於台灣的詞語；愈
不提「一中」，愈讓「一中」邊緣化或妖魔化，也就更不
敢提「一中」。這也是爲何國民黨目前愈來愈少、愈來愈
不敢提「一中」的原因。

「一中各表」的本質已經出現變化

「一中各表」源自 1992 年，它有三個重要內涵。第一、
雙方均堅持「一個中國」、「共同謀求國家的統一」。這
是對「一中」同表的部分，也是「各表」能夠存在的先決
條件。第二、兩岸對於「一個中國」的涵義，各有不同立
場。這是「各表」的部分。三、容許兩岸「各表」，是爲
處理兩岸事務性協商的需要，並沒有說明，未來政治性協
商是否也同樣適用「一中各表」。

經過十多年的發展，不少觀察家對「一中各表」的詮
釋已經與原意不同。差別在於：第一、強調「各表」，而
忘了「兩岸同屬一個中國」的「一中同表」，是「一中各

表」的前提；第二、認爲未來的政治性協商與安排，也可以適用「一中各表」。

　　經過台灣內部十多年的變化，「一中各表」在實質內涵上，也出了問題。「一中各表」的原有內容是，北京認爲「一個中國」是中華人民共和國，台北方面認爲「一個中國」是中華民國。現在浮出兩個新問題，第一、台北方面現在是否還堅持「一個中國」就是中華民國？第二、在政治意涵上，現在的中華民國雖是否還是 1992 年當時所堅持的中華民國？

　　有關上述第一個問題，民進黨是堅持不接受的，民進黨即使被迫接受中華民國這個國號，他們即使同意「各表」，但是不會接受「兩岸同屬一中」這個核心的「同表」。缺少這個核心，「一中各表」完全沒有意義。有關第二個問題，比較複雜。雖然國民黨沒有變動憲法有關領土主權的考量，但是在政治宣示與文化教育上，已經在領土與主權上，將「中華民國」等同於「台灣」，即所謂的「獨台」。

馬政府政治上的表述

　　在政治宣示上，馬英九是以「台灣前途未定論」做爲其中心思想，在表述上主張「不統、不獨」，「台灣前途由台灣地區 2300 萬人共同決定」（即不包括大陸人民），

最近陸委會主委賴幸媛在美國企業研究所演講時也做了類似的宣示。

在文化教育上，即將定案的高中歷史課綱，仍舊是延續杜正勝的「同心圓理論」，教學次序為台灣史、中國史、世界史。中華民國仍然是放在「台灣史」，而非「中國史」的部分教授。馬政府所提出的「國中、國小語文課綱」草案，更誇張地經把「國語」、「國文」改為「華語」、「華文」。這樣的思維，等於將現在的中華民國從「中國」徹底退卻，雖然國家名稱還叫中華民國，但是已經「有名無實」，它不再是那個1947年憲法上的中國，也不再是1991年國統綱領通過時的中華民國。當中華民國的本質都已經改變時，「一中名表」還有甚麼意義？

「一中同表」才能建立兩岸互信

「一中各表」與「九二共識」曾經為兩岸打開僵局，值得肯定。但是基於它原本的功能僅在事務性協商，以及中華民國的內涵在台灣正在快速轉變中，這兩個詞語已經不再能夠建立兩岸基本的互信，也很難在這個基礎上達成兩岸和平協定。以「一中三憲、兩岸統合」為內涵的「一中同表」積極性思維，應是一個值得思考的解決方案。

原文出處：民國99年8月31日

失去了統的想像與目標，
就失去了兩岸和平的可能

張亞中、謝大寧、黃光國（兩岸統合學會）

　　拜讀八月三十日《聯合報》以「可以不統一，不能不和平」為題的社論，我們非常遺憾地表示，從本文的陳述可以再一次確認《聯合報》從今年元旦起的系列社論在整個認知上出了嚴重問題。

　　這篇社論認為兩岸不應處於「敵對關係」之中，而要確保能夠消除敵對關係的唯一方法，就是馬政府的「不統、不獨、不武」政策；而此一政策的前提是「不獨」，在此一前提之下，「一中各表」就有運作的空間，而只要「正視此一各表的現實」，「不統、不武」就有可能實現。於是即使不談統一，甚至「反對統一」，都也可以維持兩岸的和平發展。《聯合報》認為以「不獨」為前提，就可以發展出「不談統一也可以維持和平」的推論，是極不現實，而且可以說是危險的。

　　對於《聯合報》這樣一種跳躍式，而且是一廂情願的論證邏輯，我們實在難以苟同。我們想請問的是，兩岸這

兩年的和平發展局面，其維繫的基礎究竟是甚麼？只是因
為馬政府宣示了「不獨」的政策而已嗎？當然不是，否則
兩岸就不需要一再宣示「九二共識」了。「九二共識」當
然不只是「不獨」而已。「九二共識」是「一中各表」的
代名詞。

美中共識以統一為目標

依照當時「一中各表」的內容，以及國民黨的詮釋，
這個「一中各表」也是有其前提的，這前提包括國統綱領
裡的兩岸同屬一個中國、「創造協商統一的有利條件」、
「共商統一大業」，也包括兩岸人民關係條例裡的「因應
國家統一前的狀況」。換句話說，「九二共識」之所以能
在各說各話的狀況下發揮效果，靠的絕對不只是「不獨」
而已，而是某種「國家終將統一」的宣示或想像，抽掉了
這點，試問聯合報，兩岸可還有達成共識的可能？或者說，
抽掉了統一的想像與目標，「維持現狀」就是「永久分裂」
的同義詞。

為什麼美國每次都要向大陸保證，不支持「台獨」以
及「一中一台」、「兩個中國」？這不是很清楚告訴我們，
美國和大陸的共識必須以接受兩岸以統一的想像與目標為
基礎嗎？

然而《聯合報》從今年元旦社論開始，就不停地試圖

將兩岸和平發展的基礎，從這一「統的想像與目標」中移
開。我們當然理解《聯合報》想要引導民進黨的用心，但
我們之所以也要從年初就跟《聯合報》反覆討論這個問題
的原因，就在於我們看到了《聯合報》想用「抽掉統的想
像的目標」的海洛因，來解民進黨台獨論之鴉片煙癮的危
險。說實在的，我們真的不解《聯合報》為什麼要以如此
大的代價，來交換民進黨的放棄台獨呢？難道連《聯合報》
也認為，給出了統的想像空間，就代表我們向中共投降了
嗎？或者《聯合報》也接受了將「統」這個字妖魔化的作
法？

　　民進黨當然無法接受任何「統的想像與目標」，於是
他們不得不把兩岸引導到敵對關係上去；但聯合報可有任
何論證的基礎，說可以不談「統的想像與目標」，就能確
保兩岸和平呢？《聯合報》屢屢引用胡錦濤先生的講法，
認為他「雖然尚未統一仍是一個中國」這樣的表述，代表
著中共某種程度接受了只要台灣不獨，大陸就可以和台灣
保持和平發展的狀態，這種詮釋的方式，會不會太過一廂
情願了呢？以《聯合報》和大陸接觸的經驗，應該不需要
我們提醒，就能了解，當失去了統的想像與目標，中共還
有沒有可能維持現行的政策？

異己關係無法帶來和平

我們還必須坦率指出，這如果只是《聯合報》的想法的話，其危險性還小，但當馬政府只打算以「中華民國在地化」的「轉型史觀」來紀念辛亥百年，當馬政府準備要將中小學的國文課改成華文課時，這種失去了「統的想像與目標之紐帶」的政策，將會為中華民國帶來甚麼樣的危險？馬政府想要長久「維持現狀」的想法是昭然若揭的，我們可以理解，但更要提醒馬政府與《聯合報》，「敵對關係」的確無法維持兩岸和平，但是如果只是嘗試將「敵對關係」轉換成雖然不再敵對，但是本質上是相互分離的「異己關係」時，「異己關係」也同樣無法帶帶給兩岸長久和平。

我們誠願馬政府以及《聯合報》都再仔細想想，我們之所以要提出「一中三憲，兩岸統合」論的用心！事實上我們一直認為，在統的想像與目標中，台灣依然可以創造出讓兩岸雙贏的結果，但如果我們被失敗主義所籠罩，那就另當別論了。

最後，請容我們再強調一遍，一旦失去了統的想像與目標，兩岸和平也勢必將成為空中樓閣，謀國者真是不能不慎啊！

原文出處：《旺報》，民國 99 年 9 月 1 日

兩岸應當共策「目標創新」

《聯合報》

　　從賴幸媛在美談話及李亞飛來台發言以來，兩岸關係似乎出現了微妙的變化。一方面，北京彷彿對馬政府兩岸政策的進度太慢（甚至認爲似有倒退），表達不耐；另一方面，北京對馬政府兩岸政策的信任亦彷彿出現動搖。後者當然比前者更值得注意。

　　先談兩岸信任。台灣實施民主制度，因此主政者在維持兩岸政策的國際、兩岸及國內的平衡上較爲困難。馬政府在維持「一中憲法」的原則下，在戰略上「一中各表」（仍是一中憲法），在戰術上「不統／不獨／不武」（還是一中憲法）；這非但是維持兩岸「和平發展」的底線，也是馬政府對內執政正當性的基礎。然則，有何理由認爲馬英九會捨棄「一中憲法」的根本立場？

　　除非北京認爲「一中憲法」違反「一中原則」，或「一中憲法」不容於「一中原則」，否則豈能謂兩岸信任關係已生變化？至於台灣內部，也有人認爲馬英九所主張的「中華民國」已非原本的「中華民國」，又謂「九二共識」已

漸空洞化，甚至將「一中各表」等同於台獨或獨台，相對於綠營之指馬英九為「傾中賣台／終極統一」，皆可見台灣主政者在民主光譜上維持兩岸政策平衡之不易，但恐怕都不至於可到指控馬英九違反一中憲法或變成台獨或獨台的地步。「一中憲法」是中華民國與台灣的生存根本，我們不相信馬政府會自毀長城。

再談進度的快慢。〇八後兩年來的兩岸發展進度，其實是六十年來發展最快、最密集、最濃縮、最具正面成果的兩年，此點無人可以置疑。至於有人認為應當暫時慢下來，或有人認為還不夠快，主要皆是對於何時應當處理政治議題的緩急見仁見智所致。這方面至少可有兩種思考：一、所謂「政治議題」，是否就是「統一議題」，或只有「統一議題」？倘若認為如此，當然會感不耐，因此也會傾向主張加急加快進度。二、其他議題，例如簽成 ECFA，難道不也是及已是一個重要的政治進度與成就？如果認為是，就不會對「政治議題」太急切，也就可能傾向將進度放緩。

要明白前述「信任問題」及「快慢問題」的糾結所在，必須先對「政治議題」的定義與內涵進行釐清。本報《元旦六論》系列社論指出：兩岸關係應當「從合理的過程到改善之目的」。若以本文題旨而論，「合理的過程」牽涉到「快慢問題」，「改善之目的」則牽涉到「信任問題」。

目的若改善，信任就會加強；目的若太困難，進度必然慢下來。

由於台獨已經絕不可行，所以「一中憲法」（一個中國的原則）是中華民國主政者絕無可能否棄的國家準據；亦因此，兩岸關係的「信任問題」可以說不是問題，實在不必因杯弓蛇影而藉以惹是生非。問題在於：如何用「改善之目的」（信任問題），來調節「合理的過程」（快慢問題）。

昨日本報兩岸版的一則報導頗具啓發性。報導稱，中國社會科學院台灣研究所副所長周志懷發表個人看法說：兩岸也許需要在「一中憲法」和「一中框架」之間找到一個連結；可以進一步細化兩岸的共識，構建一個共同的價值觀。我們想強調的重點是，周志懷說：兩岸要「政策創新」，理念上要更有創意。

用本報《元旦六論》的語彙來說，周志懷所說的「政策創新」，就是我們所說的「改善之目的」，也就是「目標創新」；而他說的「在『一中憲法』和『一中框架』之間找到一個連結」，也可能就是我們所說的「屋頂理論加杯子理論」。

回頭來說兩岸的「改善之目的」。兩岸的終極「目的」是否一定只有「統一」一途？而「統一」是否就是消滅中

華民國的意思？有無可能兩岸共同「創新」一個比「統一」
更有實現的可能性且付出負面代價較小的「政治目的」或
「政治目標」？也就如周志懷所問：有無可能「政策創新」？
亦即有無可能在「一中憲法」與「一中框架」之間建立一
個連結？其實，這也就是許多大陸學者所提出的「中華民
國的定位問題」，可見不只周志懷有此想像。

　　兩岸其實有許多頭腦清醒的人，不要被那些糊塗人用
「信任／進度」來混淆了視聽。從合理的過程到改善之目
的，從合理的過程到創新之目標；我們期望亦相信，兩岸
應能及必能共策「目標創新」。

原文出處：《聯合報》社論，民國 99 年 9 月 2 日

要真誠遵守「一中憲法」才能建立互信

張亞中、謝大寧、黃光國（兩岸統合學會）

《聯合報》九月二日社論，沒有點名地對我們於九月一日在《旺報》的質疑做了回應，說實在的，我們認為《聯合報》並沒有清楚地回應應有的質疑，而仍然在已經有立場的結構中，做自我認定的詮釋而已。

一中憲法已經出現質變

《聯合報》在這篇社論中提出「信任問題」與「快慢問題」。《聯合報》認為「一中憲法」（一個中國的原則）是兩岸維持信任基礎的看法，並是「中華民國主政者絕無可能否棄的國家準據」。我們基本上同意聯合報的看法，但是如果進入更深一層的探討，可以發現，由於「一中憲法」在台灣已經出現了質變危機，因此《聯合報》的論證是有問題的。

「信任」是一個社會能夠有序運作的基礎，「信任」的基礎在於「真」與「誠」。「一中憲法」出現的危機即

在於它是否仍然爲「真」？台灣在談「一中憲法」時是否
還有「誠」？

　　如果說，不修「一中憲法」就表示台灣方面堅持「一
中憲法」，那麼只對了一半。從李登輝起至陳水扁多次修
憲而沒有觸及核心的「一中」問題，是台灣政黨「誠」於
「憲法」，還是礙於可能引發戰火與國際強權的壓力所致？
讀者自有評斷。如果對「一中憲法」認「真」，那麼就沒
有「不統」的選項，而只有類似《國統綱領》規範「如何
統一」、「何時統一」的命題。

　　如果我們「真」的相信「一中憲法」，就必須接受兩
岸在主權上是重疊，中國的主權屬於兩岸全體人民，那就
沒有所謂馬英九所說「台灣前途由台灣2300萬人共同決定」
的這個看似符合民主，但是不符合憲法規範的「台獨」可
能選項；也沒有「中華民國是台灣」這個符合治權，但是
違反主權的說法。

教科書思維做法受爭議

　　如同我們一直提醒的，「一中憲法」的軀體或許還存
在，但是它的精氣正在快速轉變。就拿最近發生的例子來
看，馬政府以國文應當也包括「閩南語、客家語、原住民
語」在內爲由，在即將於明年要上路的九年一貫課程教材
中，把國語改爲「華語」、「國文」改成「華文」，更重

要的，新的教科書隱然已經將所謂的「本國文化」限縮在
台灣一地的文化，請問，這樣的思維與做法，算是對「一
中憲法」有「真」與「誠」嗎？

　　我們佩服《聯合報》長期以來，堅持中華民國的立場，
但是馬政府執政兩年以來，只看到《聯合報》為「不統、
不獨」找尋理論的依據，但是卻疏於對馬政府是否真誠地
遵守「一中憲法」的精神而有所批判。再以教科書一事為
例，為何兩年多來，沒有看到《聯合報》對於國語即將改
為「華語」、國文即將改為「華文」，視「本國文化」只
是「台灣文化」有過甚麼的監督或批判？

　　《聯合報》在社論中，替馬政府的政策做了詮釋，即
「一中憲法」為「原則」、「一中各表」為戰略、「不統、
不獨、不武」為戰術。我們的看法：第一、當「一中憲法」
的形體已經不一時，如何還能做為「原則」，如何能夠建
立兩岸互信？第二、內外已經有別的「一中憲法」無法建
立互信時，「一中各表」如何成為指導的戰略？北京為何
要配合台北這個「一中」已經質變的戰略？第三、假如我
們同意「統」、「獨」都是一種方向，「不統、不獨」就
是不選擇方向、不採取立場。請問，這可以算是「戰術」
嗎？「不武」是取決於北京，而非台北，這也可以算成台
北可以採行的「戰術」嗎？

　　我們同意《聯合報》在兩岸關係上「目標創新」的呼籲，但是要提醒《聯合報》與馬政府，當「一中憲法」在本質上已經改變，「目標創新」很容易變成「虛假不實」。「一中三憲、兩岸統合」爲內涵的「一中同表」是我們對「創新目標」的具體實踐途徑，而其基礎即在真誠地遵守「一中憲法」。我們也期望媒體界能夠監督政府是否真正真誠地遵守「一中憲法」，並共同爲創新目標提供更多思想火花。

原文出處：《旺報》，民國 99 年 9 月 4 日

從「統一論」到「連結論」
——再論兩岸共策「目標創新」

《聯合報》

　　本報二日社論的題目是〈兩岸應當共策「目標創新」〉。話題來自北京智囊周志懷說，兩岸也許需要在「一中憲法」和「一中框架」之間找到一個連結。他說：兩岸需要「政策創新」。

　　本報《元旦六論》系列社論指出，兩岸關係應當「從合理的過程到改善之目的」。周志懷所說的「政策創新」，應與社論所說「改善之目的」有極大交集，均可進入「目標創新」的討論。

　　其實，六十年來，兩岸之間的「政策創新」或「目標創新」已然經歷了許多重大轉折。例如，且不說「血洗台灣」、「反攻大陸」的「政策」早已被「創新」掉了；再如，即使「和平統一」的「目標」未被「和平發展」所完全取代，但二者所強調的「政策」已經大不相同，故也是極大的「創新」。可見，解決兩岸僵局的機會在於：政策可以並應當創新，目標也可以且應當創新。正如北京智囊鄭必堅說的：

「眼界決定境界/思路決定出路。」

　　周志懷說：兩岸需要在「一中憲法」（台灣主張）和「一中框架」（大陸主張）之間找到一個連結。這也許正是「政策創新」或「目標創新」的肯綮所在。

　　這個「連結」，或許即是我們自十五年前倡議至今的「第三概念的中國」；其實這也是許多欲為兩岸建立「連結」的官學人士之共同思考取向。亦即：「中國」有三個概念：中華民國、中華人民共和國，和在二者之上的「第三概念的中國」。

　　「連結論」的共同思考取向是：設法創立一個在中華民國及中華人民共和國二者之上的「整個中國」，作為「連結」。倡議層見迭出，例如「屋頂理論」、「球體國家」、「邦聯」、「三個主體論」、「一中兩憲」、「一中三憲」、「統合論」、「現在進行式的一個中國」、「一國兩府」、「一個中國／兩個平等政權」、「筷子理論」、「杯子理論」等等不勝枚舉，可謂皆是「第三概念中國」的表達形式。議論紛紜，但多屬大同小異或名異實同。甚至，胡錦濤所言「大陸與台灣同屬一個中國」，及「雖然尚未統一／仍是一個中國」，此處所稱的「中國」，可能也有「第三概念」的意涵。

　　「連結論」可以視為「統一論」的「創新」。「統一論」若欲以「和平」達成，不知要經歷多少風浪及多少歲月始

能實現，甚且若以「和平」爲最高宗旨，即可能永遠統一不了，甚至也許以不統一爲宜；反過來說，倘若最後還是以武力完成「誰吃掉誰」的「統一」，而以殺戮及消滅民主國家中華民國爲收場，那將是人

類文明及中國歷史上不堪設想的浩劫，誰能下手？然則，和平統一不易達成，武力統一又無法收拾，難道不應思考「政策創新」、「目標創新」？

　　「連結論」可能是「統一論」的「創新」；因「連結論」並未違反「一個中國的原則」。兩者的差異在於本報屢屢指出的：統一論的刻板印象是中華民國消滅的「一個中國」，而連結論是中華民國存在的「一個中國」。

　　兩岸如今應當潛心思考汪道涵在一九九七年提出的「現在進行式的一個中國」。他說：「一個中國不等於中華人民共和國，也不等於中華民國，而是兩岸共同締造統一的中國。」又說：「一個中國不是現在式，因爲目前很困難；也不是未來式，因爲可望不可及，夜長夢多。因此，何不用現在進行式的一個中國？」這種「政策創新」的表現，可謂是「連結論」的鼻祖；且亦可見，「連結論」可以是「統一論」的「目標創新」方向。

　　爲響應兩岸「政策創新／目標創新」，茲再重複本報所說的「新新三句」：「世界上只有一個中國，中華民國及

中華人民共和國都是一部分的中國，中國的主權與領土不容分割。」這個命題的邏輯性不甚周延，卻可能是由「統一論」往「連結論」進行「政策創新」、「目標創新」的思考入口。

原文出處：《聯合報》社論，民國 99 年 9 月 4 日

永遠維持現狀首度過半

《聯合報》

　　本報民意調查發現，馬英九總統上任兩年多來，民眾對於台灣前途的看法逐漸朝「永遠維持現狀」發展，比率首次突破五成；此外，六成三民眾不認爲大陸國力強盛將危及台灣，樂見大陸持續發展。

　　調查顯示，民眾對於台灣前途已多有定見，本次調查有一成六民眾主張盡快獨立，一成五主張維持現況以後再獨立，百分之五主張急統，百分之九主張緩統，五成一希望永遠維持現狀，僅百分之四無意見。

　　和本報二〇〇〇年七月所做的調查結果相比，民眾的統獨態度明顯轉變。主張急統或緩統者，十年來合計減少十五個百分點，取而代之是主張永遠維持現狀者增加十九個百分點，主張急獨或緩獨的比率也略多五個百分點。

　　調查還發現，六成九民眾認爲大陸發展成世界第一強國的機會濃厚，僅二成二不看好。

　　至於兩岸國力發展懸殊是否可能對台不利？調查發現，僅三成民眾有此憂慮，六成三不擔心。分析顯示，主

張急獨或緩獨民眾，逾四成擔心大陸國力日漸強盛，比率明顯高於主張永遠維持現狀或統一者。

　　這次調查於八月廿日至廿六日晚間進行，成功訪問了一千零一位成年人，另八百七十人拒訪；在百分之九十五的信心水準下，抽樣誤差在正負三點一個百分點以內。調查是以台灣地區住宅電話為母體作尾數兩位隨機抽樣。

民眾對台灣前途的主張

	儘快獨立（急獨）	先維持現狀再獨立（緩獨）	永遠維持現狀	先維持現狀再統一（緩統）	儘快統一（急統）
2000/7/20	12	14	32	20	9
2010/8/26	16	15	51	9	5

註：表中數字為百分比，不含無意見及未回答的比率。
資料來源：聯合報系民意調查中心。

原文出處：《聯合報》，【聯合報民調／聯合／電話調查報導】，民國 99 年 9 月 11 日。

三論從「統一論」
到「連結論」

《聯合報》

　　本報二日及四日社論，討論「統一論」與「連結論」。「連結論」是欲在「一中憲法」與「一中框架」之間建立一個連結；而與「統一論」的意趣不同。

　　擱下台獨不論，兩岸未來關係可能朝兩種形態發展：一種是「統一」；另一種則是「連結」，可稱「泛屋頂理論」，又可分為三種。試分論之：

　　一、統一：就是「誰吃掉誰」，兩岸合併在一個國號之下。二、硬屋頂：在中華民國及中華人民共和國之上，以「第三概念的中國」作「連結」；說法甚多，如邦聯、歐盟模式、一國兩府、一中三憲、球體國家，或「新新三句」（世界上只有一個中國，中華民國與中華人民共和國都是一部分的中國，中國的主權與領土不容分割）等。三、軟屋頂：如中華民族、炎黃子孫、兩岸都是一家人等。四、巧屋頂：如 ECFA、部長互訪（如大陸文化部長蔡武正式訪台，我文建會主委盛治仁將回訪）、兩岸經濟合作委員

會等。

就今日情勢言，兩岸在軟屋頂及巧屋頂上皆已有顯著進展。以 ECFA 為例，非但是一個經濟「連結」，也是一種政治「連結」；在建立了的連結之後，兩岸關係可謂已經通過了一個不可折返點。再往前走，就可能漸漸會觸及「硬屋頂」及「統一」的問題。本系列社論想要討論的是，在「統一論」與「連結論」之間的比較與選擇。

如前所述，軟屋頂（如中華民族）及「巧屋頂」（如ECFA）已有顯著進展；此類連結可使「統一前」或「未統一」的情勢穩定下來，所以「雖然並未統一」，但是「仍能和平發展」，因而這些「連結」極為重要。接著，下一個兩岸議題，就也許將是在「統一」與「硬屋頂」之間的選擇。既說是一「選擇」，也就是不把「統一」視為必然的目標，而可以思考「屋頂理論」是否一種比「統一」更好的選項？

這又涉及了「一個中國」的定義問題。是不是不統一，就不是一個中國？或是非要統一，才是一個中國？倘係如此，北京所說「雖然尚未統一仍是一個中國」的說法要如何成立？而所謂的「連結論」，其實就是希望能為「雖然尚未統一仍是一個中國」的命題，找到法律化或制度化的途徑，以使「一個中國」成為「已經解決的問題」，而不是「始終懸而未決的問題」，也就是朝向「現在進行式的

一個中國」的方向找答案。例如，兩岸如能建立類如「邦聯」的「硬屋頂」，這雖不能說是「統一」，而是一種「連結」，但在法理上仍然符合「一個中國原則」，其實也就是實現了「一個中國原則」；倘做如是觀，「連結」有無可能是一個比「統一」更佳的選項？試將繁複的論證，簡化成四個對子：

既然很難統一，何妨作好連結／如果作好連結，也就不必統一／只要做好連結，其實好過統一／連結通過考驗，統一也有可能。

這四個對子的涵義，從感受形格勢禁，轉至消極維持現狀，再轉至積極接受連結的意義，最後仍為統一留存了可能性。此處想要強調的是，不必將「連結論」視為「統一論」的敵對論述；而宜將之視為替代方案，甚或是較佳選項；且「連結論」也可能成為「統一論」的條件與台階。這就是本報所主張的：兩岸關係應當「從合理的過程到改善之目的」。

目的可以成為過程，過程本身也可以成為目的。若將「誰吃掉誰」的統一「目的」，調降一格成為「屋頂理論」，則不論軟屋頂、巧屋頂或硬屋頂，皆可能成為鞏固兩岸關係的重要「連結」。連結如果鞏固，何患能否統一？

其實，兩岸有心人皆知，「統一」是難度最高、風險

最大的解決方案。如果非要「統一」了才算是「一個中國」，那麼主張「統一」不啻即是延長「分裂」，兩岸形同被「統一」這個「不可能的任務」所撕裂；但是，若能朝「連結」的方向思考努力，由軟屋頂、巧屋頂、硬屋頂漸層漸進地推移，「一個中國原則」就不會成為兩岸的障礙，反而可能有助於改善及穩定形勢，就此實現了「現在進行式的一個中國」。

原文出處：《聯合報》社論，民國 99 年 9 月 12 日。

異己關係無法做為
過程論的基礎

張亞中、謝大寧、黃光國（兩岸統合學會）

兩岸為異己關係的確定

《聯合報》9 月 11 日公佈其「2010 兩岸關係年度大調查」的結果，並以「永遠維持現狀，首度過半」為顯著地標題，陳述 2000 年迄今十年來，主張永遠維持現狀者已經從原本的 32% 增加為 51%。

我們如何解釋過半數的「51%」？從認同上來說，這表示兩岸關係已經正式進入「同一民族內的異己關係」的階段。這 51% 的人民雖然未明確表達其政治上的統獨選項，但是他們已表達出兩岸是「你是你、我是我」的「異己關係」認同。「異己關係」認同下的兩岸，「可以不統一、可以不獨立」，但是「不能不和平、不能不交流」。這似乎正是聯合報最近三次社論的大主張。

異己關係的形成與鞏固

李登輝從 1994 開始，從教育、文化、政治上努力將兩岸關係從「國統綱領」規範的「一個中國（可以各表）的內部（非哪一方內政）關係」定位轉化爲「一個民族內的異己關係」爲內涵的「特殊國與國」定位。陳水扁八年執政，用烽火外交加劇了兩岸爲「異己關係」的認知。

從馬英九任用賴幸媛與鄭瑞城分別擔任陸委會主委與教育部長、從宣佈他的兩岸政策是「不統、不獨」起、從他閃避對兩岸和平協定進行協商時，他已經確定走入李登輝的「異己關係」牢籠，出不來了。

在政治上，馬英九願意談一個中華民族，也願意談中華民國，但是儘量避免碰觸「兩岸同屬一個中國」的表述，也因此自然而然地掉進了「一族兩國」的結構，而這正是李登輝以「特殊國與國」爲名，本質爲「異己關係」的緊箍咒。馬英九從政兩年多，逃避處理兩岸政治定位與軍事互信機制等議題，反而將重點放在要求北京撤飛彈與繼續說服民眾對美軍購的重要。「撤飛彈」與「要軍購」主張所產生的政治社會化效果，就是更加深了兩岸是「異己關係」，甚而是「政治敵對關係」的印象與認知，否則，爲何要求對岸撤飛彈，又爲何要向美國買武器？

在文化上，馬政府兩年多來，沒有對陳水扁時代所留

下來，以「異己關係」爲基礎的歷史教育做任何更改，即
將定案的高中歷史課綱，還是延續民進黨時期，把中華民
國放在台灣史，而不是中國史部分教授。這樣的教科書沒
有明確說，中華民國不是中國，但是卻清楚地告訴高中生，
中國不是我國。

異己關係下的交流難以建立互信

我們贊同兩岸經貿交流的深化，但是也看到經貿交流
只改善了台灣人民對於大陸政府與人民的印象，而沒有增
加兩岸的「重疊認同」，也沒有改變兩岸的「異己關係」
本質。就像去日本，或許可以改變對日本的印象，但不會
產生認同。原因很簡單，當兩岸關係已經成爲一種「異己
關係」時，經貿交流只是互利的商業行爲而已，自然無法
產生政治互信。

近來，兩岸準備把重點放在文化交流上，國民黨首席
智庫趙春山董事長 12 日也在聯合報發表〈兩岸文化攜手、
打穩互信基礎〉一文稱，只要兩岸「以中華文化爲基礎，
在中華民族智慧的導引下，進行深度的交流，才能縮短兩
岸人民認知上的差距，建立真正的互信，進而達到兩岸關
係全面正常化的目標」。我們期待這樣的觀點，但是也要
提醒，當兩岸關係已經形塑爲異己關係時，沒有以增加「重

疊認同」爲目標的文化交流也會淪落爲物質化的商業交流，或只是了解彼此對於文化認同的異同在哪裡？而其結果並不容易憾動「一族兩國」爲基礎的「異己關係」。

《聯合報》在 12 日再發表〈三論從「統一論」到「連結論」〉的社論，我們充分尊重，也肯定部分觀點，但是也要提醒聯合報，「一族兩國」、「異己關係」爲基礎的兩岸關係，是很難發揮「連結」或「過程」的功能。看到《聯合報》11 日在〈51%維持現狀，考驗北京〉的分析報導中，提醒北京「共產黨難道擔得起『消滅一個真正民主的華人國家』的千古罵名」？這個「華人國家」的說法，正是「異己關係」下的「一族兩國」產物寫照。連馬英九與聯合報都已經陷入「異己關係」的迷思時，要建立兩岸關係的互信與認同真的是很難了。

原文出處：《旺報》，民國 99 年 9 月 14 日。

筷子理論

——解讀兩岸關係民意大調查

《聯合報》

　　本報在上周六發表二〇一〇兩岸關係年度民意大調查，主要的發現是：在兩岸敵友量表上，大致認為兩岸關係傾向和緩；在民意統獨取向上，以維持現狀為主流（51%）；對大陸政府的印象不好（54%），也對大陸人民的印象不好（47%）；但有三分之一願赴大陸工作，近三成想讓子女赴大陸念書；且六成三不認為大陸國力強盛會危及台灣，並樂見大陸持續發展。

　　此項大調查所顯示的民意樣態可以解讀為：一、民意對兩岸關係現狀大致滿意。五大領域中，對社會、政治及經貿，皆認為「和緩」；甚至對軍事及外交領域，也認為只是低度的「緊張或競爭」。其中，軍事領域的量表分數是 6.1，只差 0.1 就可降至「和緩」的刻度內；外交則是 6.3，若降 0.3 就成「和緩」。一般認為，這是兩年來兩岸和解政策所反映的正面成果。

　　二、但是，台灣民意對兩岸若進一步進行政治整合，

卻持明顯的保留態度。51％主張「永遠維持現狀」，這應是主流民意。此外，急獨與緩獨（先維持現狀再獨立）相加為31％，急統與緩統（先維持現狀再統一）相加為14％，又可見獨大於統。

以上兩項解讀顯示：台灣民意贊同兩岸和解、和緩，卻不主張「統一」。但是，這也不能過度推論為主張獨立者壓過主張統一者；因為，在此類問卷中，「台獨」一詞只憑受訪者的直覺來定義，若將台獨的準確涵義及因果加入考量，就有可能改變受訪者的看法；再者，縱使仍有三成左右主張台獨者，也難超越主流社會的民意比重及政治勢位。二〇〇七立委選舉及二〇〇八的總統大選即是顯證。

這樣的民意樣態，可用「筷子理論」來解釋。主流民意所期待的兩岸關係，似乎是希望台灣與大陸像一雙操作中的筷子一樣，有些地方接合，有些地方分開，這樣才能挾菜扒飯；而不認為兩隻筷子應綁在一起（統一），或將兩隻筷子遙分兩處（獨立），畢竟，這樣就都不再有筷子的功能了。

本報主筆於二十年前晤見當時的 AIT 理事主席白樂崎時，提出「筷子理論」；認為兩岸可如一雙筷子一樣，不應完全綁在一起，也不能完全切割，有分有合，始能靈動自如。在台灣的政治辯論中，最近似筷子理論的政治論述，應是民進黨在一九九七年所提出的：台灣不是中心，也不

是邊陲；而是一個有活力、有反省力及有創造力的海陸介面與東西橋樑。所謂「東西橋樑」、「海陸介面」，不是中心、不是邊陲，儼然就是「筷子理論」的圖象；叮謂是英雄所見略同。而此次民意調查呈現出「希望交流／不願綁住」的「筷子圖象」，其實亦並非形成於今日，而是長久以來，也將是長久以後的主流民意樣態。

台灣主流民意可視為一種「不統／不獨／亦統／亦獨」的「筷子圖象」，也就是主張兩岸維持現狀及在現狀上發展。這對兩岸三黨皆應有所啓發。對國民黨言，此次民意調查的結果，可以視為馬政府「不統／不獨／不武」政策已見成效。但是，在兩岸關係愈加緊密時，民間希望放慢放緩的心情可能升高；這也是一種分合輪動的「筷子現象」，或許可以解釋爲何兩岸政策成功卻未必有益藍軍的五都選情。

對民進黨言，31%的「獨派」，是民進黨的基本盤；卻也是民進黨轉型蛻變的絆腳石。民進黨可以利用鐵桿獨派來激盪選舉熱情，但不可能使台獨成爲台灣的主流民意，更不可能用台獨來處理美中台三邊關係，亦即不可能將台獨當作台灣的生路。回到「東西橋樑／海陸介面」的「筷子理論」，或許才是出路。

對中共而言，這樣的台灣民意，不足與言統一；但這

樣的台灣民意也不會贊同台獨。所以北京當局在解讀此項
民調時,應當對近兩年來的兩岸政策給予正面評價。至於
台灣民意對大陸印象稍差,一部分緣於刻板印象,一部分
出於缺乏瞭解,另一部分則大陸確有改善空間。這樣調查
也顯示:牽動兩岸關係敵友變化的主要因素,絕不只是一
個物理問題(軍事、政治的壓力),而更是一個心理的問
題(民主、文化、社會、文明)。

其實,在兩岸的「和平發展期」中,「筷子理論」可
能正是最合宜的民意期待。

原文出處:《聯合報》社論,民國 99 年 9 月 15 日。

兩岸解藥

——「連結論」好過「統一論」

《聯合報》

　　本報二日、四日、十二日社論探討「連結論」與「統一論」之比較，認為「屋頂理論」（連結）是較「統一」為佳的選擇。

　　前文指出，「統一」是難度最高及風險最大的選項。「統一」就是「誰吃掉誰」，併吞在一個國號之下；這關係到三個方面的問題：

　　一、如何統一的問題。若要民主統一，河清何日？若是武力統一，如何善後？二、統一後的治理問題。畢竟中華民國已是直選總統及普選國會的民主政體，即使實施「一國兩制」，恐怕也不應開倒車；在此僅舉一例，「統一」後的台灣還容許存在一個主張台獨的政黨嗎？容許存在是一個治理問題，不容許存在也是一個治理問題。三、統一目標久懸未決的問題。如果認定「不統一」就不是「一個中國」，則在「誰吃掉誰」之前，「統一」就反而成了兩岸分裂的因素，兩岸關係亦因「未統一」而長久陷於緊張；

反過來說，倘若認為「屋頂理論」也符合「一個中國原則」，
則兩岸在軟屋頂、巧屋頂或硬屋頂（見前文）之下，即可
漸層漸進地體現「現在進行式的一個中國」。準此以論，
「統一」其實是使得「一個中國原則」不能安頓的因素，
而「屋頂理論」則可將之漸層漸進地提早止息爭議，解決
問題。此一差異對兩岸各自的內部政治亦有重大關聯，如
果能確認「屋頂理論」及「現在進行式的一個中國」，大
陸方面的鷹鴿之爭即可緩和，北京當局將不致因長久無法
兌現「統一」的政策目標而使政權存有難測因素，而台灣
方面亦可望大幅降低統獨鬥爭的社會傷害。然則，為何非
要偏執「統一」的目標，又為何不能思考以「屋頂理論」
為「目標創新」？

　　有沒有比「統一」更好的辦法？這是兩岸朝野皆應嚴
肅思考的問題，至少兩岸當局不應阻止而應鼓勵這類的民
間討論；北京當局尤應如此，給自己鬆綁，也給大陸民間
鬆綁。北京政權如今將自己及整個大陸社會綁在「統一」
的大柱上，一方面永遠欠大陸人民一個「很難實現／即使
實現了也很難收拾」的承諾，另一方面也在統治圈內部永
遠埋著一個鷹鴿反目的炸彈，這種政策未免太不實際也相
當危險。所以，應當考慮「政策創新」。

　　管理學上有一種說法叫做「承諾的陷阱」（commitment
trap），意思是說一個人被自己的「過度承諾」所陷害；用

一個無法實現或實現後無法收拾的承諾，使自己陷於危境。例如，一個人若發誓要一口氣吃五百顆水餃，只會有兩種結果：一種是吃到送醫院；另一種是明知後果而根本不能兌現承諾，只能「食言」。這即是「承諾的陷阱」，所謂「目標創新」，可說就是要將水餃的數量重訂在一個合情合理的標準；使發出承諾者不致墜落「承諾的陷阱」，而作繭自縛或下不了台。

當下的「統一」問題，在台灣民意是「怕統一」，在北京當局則是「怕不統一」。台灣民意「怕統一」，不難理解；而北京當局「怕不統一」，主要原因之一就是已陷「承諾的陷阱」之中。因而，兩岸若要「和平發展」，在台灣須化解「怕統一」的民意憂慮，在北京當局則是不宜使主政者及大陸人民在「非要統一」的「承諾陷阱」中愈陷愈深。折衷之道是：兩岸若認為「屋頂理論」可有優於「統一」之處，何不共策「目標創新」？

談到「目標創新」，應先認定「兩岸目標」的「實質追求」究竟是什麼？兩岸追求的實質目標應當是：一、不要偏離「一個中國原則」。二、台灣不要成為他國對抗中國的外國代理人。三、兩岸政權不相仇視敵對。四、兩岸人民相互親善友愛。五、兩岸互利雙贏。這樣的「目標追求」是否唯有「統一」後始能實現？或者，反過來說，太

過偏執於「統一」的「承諾」，有無可能反而成為追求這些「實質目標」的阻障，而陷於「承諾的陷阱」中？我們必須想清楚：兩岸追求的究竟是「統一」的「形式目標」？或是前述的「實質目標」？

　　「統一」真是最佳方案嗎？有沒有比「統一」更好的辦法？「連結論」會不會較「統一論」更佳？「屋頂理論」會不會比「統一」更好？

原文出處：《聯合報》社論，民國 99 年 9 月 17 日。

選民的面貌

《聯合報》

　　五都選舉今日截止登記。候選人皆已正式亮相，但今年的選民長得是什麼模樣尚不清楚。

　　台灣選民的面容千變萬化。比如說，一九九六年、二○○○年、二○○四年、二○○八年四次總統大選，就呈現出幾種大異其趣的選民面貌。連大陸學者都感嘆：「台灣人心不如水，今日東去明西來。」

　　不過，從二○○九年縣市長選舉，與幾次立委補選以來所呈現的趨勢顯示，藍營選民的疏離與綠營選民的熱情，則是近年民意最顯著的對比與特徵。二○○八年以來決定選舉勝敗的主要因素皆是：藍營選民不投票。

　　綠營選民可以說是「鐵板一塊」，且二○○八的大挫更激起了他們同仇敵愾的雪恥情愫；這種用悲情墊底的熱情，使綠營選民一直有一種「死忠」的情懷。綠營政治人物即使有缺點，他們也會視為是在扭曲的兩岸及國內政治情勢中的可理解現象，對之寬諒、包庇，大於責備。

　　相對以觀，藍營卻從來不是「鐵板一塊」，而像是「一袋馬鈴薯」。新黨及親民黨的大分裂即是顯證，影響迄今未絕。尤其，藍營中的中產階層及知識分子的最大特徵是「犬儒風格」（cynical），每一個人都想「按自己的形象」去要求政治人物；倘不如願，則譏嘲、笑罵，甚至反目成仇。馬英九被貼上「無能」的標籤撕不掉，甚至被指為是「像陳水扁一樣的台獨」，都是藍營文化的特有效應；幾乎每一個人都看見馬英九某種由各自評價的短處，幾乎每一個人都覺得自己比馬英九強，這種譏嘲的藍營犬儒風格，造成疏離，降低投票率，輸掉選舉，也是理所當然。

　　這次五都選舉，比的是藍營綠營的投票率，這正是一般不看好藍營的主因。

原文出處：《聯合報》黑白集，民國 99 年 9 月 17 日。

當舵手沒有方向，
人民只得維持現狀

張亞中、謝大寧、黃光國（兩岸統合學會）

　　拜讀《聯合報》9 月 15 日社論〈筷子理論：解讀兩岸關係民意大調查〉、17 日社論〈兩岸解藥：「連結論」好過「統一論」〉，以及 17 日黑白集的〈選民的面貌〉三文，讓我們有機會重新檢視一下《聯合報》從今年元旦迄今的系列社論。我們對於《聯合報》的若干觀點感到讚賞，但是也不得不指出，第一、《聯合報》基本論述的出發點有問題；第二、「筷子理論」、「連結論」、甚而「屋頂理論」，有其盲點；第三、知識份子的卑微吶喊怎麼能以犬儒主義定性？我們希望以三篇文章繼續請教《聯合報》。

　　民主政治固然是全民政治，但是由於一般人民無法將時間完全投入政治事務，因而民主政治必然有「菁英政治」的內涵。領導人與明星、政治家與政客的差別在於：前者帶領民意，後者跟隨民意；前者在乎的是人民的未來與自己的歷史定位，後者在意的是政黨的選票與自己的連任；前者的主張可以稱之為「願景、論述」，後者的看法，其

實只是一種「媚俗、鄉愿」。

《聯合報》的兩岸關係大調查，顯示出支持「永久維持現狀」的比率在十年間已經提升爲 51%，支持急獨與緩獨者達 31%，支持急統與緩統者只剩下 14%。聯合報在社論中因而認爲馬英九的「不統、不獨」政策是符合大多數民意，甚而認爲，「此次民意調查的結果，可以視爲馬政府『不統／不獨／不武』政策已見成效」，也符合了聯合報長期主張「希望交流／不願綁住」的「筷子圖象」。

如果聯合報真的認爲，國家可以沒有前途方向大論述、只要交流好，一切走著瞧，那麼我們就可以完全尊重聯合報，也就沒有甚麼好辯論的。但是，我們要提醒，一條船在大海中航行，不能沒有方向，是連小學生都懂的道理。一個船長不能不當舵手，那有行船靠的是隨波逐流？

第一、馬政府爲了所謂的「順應民意」，既不敢也不願提出前途大論述，只願談經濟，不敢談政治，但是，另一方面，民進黨卻從不諱言地主張「台獨」。這十餘年來台灣內部的政治圖象就是，國民黨不敢談，民進黨大聲講，最後結果就是「台獨論述」在台灣已經成爲一個具有正當性的語言，「一個中國」或任何與「統」關的詞幾乎都被妖魔化了。

在這樣的情形下，民意調查的結果一點也不奇怪。我們可以大膽預測，只要馬政府「不統、不獨」繼續喊下去，

「獨」與「永遠維持現狀」的總比率一定還會增加。由於
馬政府的思維是跟著民意走，而非引導民意，因此，馬政
府將更不敢再提出前途論述，馬英九被迫繼續選擇做一個
沒有方向的舵手。

　　第二、如果不確定前途方向，放任經濟成果的自動外
溢，讓時間自然解決，說得好聽一點是期待水到渠成，說
得不好聽就是得過且過。這樣下去，一種可能的結果：兩
岸的物質實力差距愈來愈大，因為沒有論述，自然不思在
兩岸政治定位上、軍事互信機制上尋求突破，而只願把焦
點放任兩岸經濟及其它物質性的交流。物質交流的結果，
就必然是逐漸對大陸產生依賴，自主性減弱，未來想進行
政治協商時，籌碼愈來愈少。知名政論家南方朔大師即是
以這樣的觀點對 ECFA 提出質疑。

　　另一種可能是兩岸的認同隨著時間愈來愈遠，為「穩
健台獨」累積了能量，這就是民進黨台獨理論大師林濁水
的觀點。不論這兩種結果為何，對兩岸關係的發展都不是
一個健康的結果。

　　第三、《聯合報》以這樣的民意調查結果來支持馬政
府「不統、不獨」的「維持現狀」的政策，並認為這個民
意調查結果符合了聯合報的「筷子理論」，即「希望交流
／不願綁住」。因而呼籲北京要正視現實。說實在的，《聯

合報》這樣的思維，實在是消極。不思今日民調之因，反以今日之果來為明日之因；不思自己如何提出積極與進取的大陸政策，反而要求北京正視今日之果。

我們不能說《聯合報》太過於天真，但是從所接觸的北京學者，在看到這樣的民調時，第一個反應往往是，還有甚麼方法可以「綁住台灣」，而不是繼續進行一個「不能綁住台灣」的政策。一個好的政治家，不是期待他人如何配合你，而是創造一個自己可以主控或影響的結構。從《聯合報》元旦系列迄今，我們還看不出來聯合報與馬政府的主動策略在哪裡？

或許《聯合報》會說，當然有，「屋頂理論」、「筷子理論」、「杯子理論」都是為了解決兩岸僵局所提出的理論，但是，我們必須而說，這些理論都只在描繪兩岸應有的關係，而沒有提出前途大方向。更何況，我們已經提醒《聯合報》，這些理論其實有很大的問題，容我們在下一篇文章再與《聯合報》探討，這些理論的問題在哪裡！

原文出處：《旺報》，民國 99 年 9 月 22 日。

過程論與連結論
要有方向與內容

張亞中、謝大寧、黃光國（兩岸統合學會）

《聯合報》9 月 17 日社論〈兩岸解藥：「連結論」好過「統一論」〉，再次為其「連結論」做呼籲。我們當然同意兩岸問題不是一蹴可及，必須經過一個過程。《聯合報》以「筷子理論」或「屋頂理論」做為其「連結論」的理論。本文希望提出一些觀點來就教聯合報。

有三個問題需要討論。第一、如果兩岸對於未來終極目標不確定；第二、如果兩岸憲政認同的本質已經改變，「連結論」與「過程論」是否還能存在？第三、以何種方式進行「連結」、以何種路徑做為「過程」，才是「連結論」或「過程論」能夠得到支持的基礎？

依照聯合報的說法，如果「一個中國原則」是一個「屋頂」，兩岸可以在軟屋頂、巧屋頂或硬屋頂之下，可漸層漸進地體現「現在進行式的一個中國」。我們同意這樣的說法，但是要問的第一個問題是，這個屋頂是「實」的還是「虛」的？如果我們認為，兩岸的主權是相互重疊，兩

岸在未來的和平協定中應該確定不分裂整個中國，那麼，這「一個中國」就是實的。如果我們認為「一個中國」只是個中華民族概念，未來在和平協定中應「正視現實」、以「一中各表」的原則陳述，那麼這個「屋頂」就是一個「虛」的中華民族概念。當這個「屋頂」是「虛」時，「連結論」或「過程論」可能就沒有任何意義了。

第二個問題，「屋頂」下的「樑柱」是否材質需一致？一邊是水泥、一邊是木材，是否能夠支撐一個穩固的屋頂？同樣的，聯合報用「筷子理論」來形容兩岸「不應完全綁在一起，也不能完全切割，有分有合，始能靈動自如」。我們也可以接受這樣的觀點，但是也要問同樣的問題，在吃飯時，有無並用一枝竹筷、一枝鋼筷吃飯的？

這就是問題！如果兩岸在自我的核心屬性、憲政認同本質上都已經發生差異時，兩岸如何架起這個「屋頂」，又如何使用這雙「筷子」？

正同《聯合報》在「新新三句」中所說，「世界上只有一個中國，中華民國與中華人民共和國都是一部分的中國，中國的主權和領土不容分割」。如果台灣在走一條中華民國不是中國的道路，如果台灣主張有自己的主權時，請問，「屋頂理論」或「筷子理論」還可以成立嗎？

我們舉兩個最近的例子，一是歷史教科書的課綱事件。馬政府修訂的高中歷史課綱，仍然延續杜正勝所提供

的同心圓史觀，把台灣史與中國史對立，先教台灣史再教中國史，1949 年以後的中華民國是放在台灣史，而非中國史講。在歷史的脈絡上，台灣史隱然已經成了「國史」。在馬政府的歷史教育藍圖裡，沒有說中華民國不是中國，但是已經清楚地說，中華民國不屬於中國史、我國不是中國。這樣的國民意識與史觀的教化過程，等於把中華民國的根給刨了。請問，當中華民國的本質已經改變時，與中華人民共和國已經不再同屬一個國族認同的脈絡時，這個「屋頂」或「筷子」還可行嗎？

另一個例子是有關主權的概念。陸委會主委賴幸媛最近 9 月 15 日在歐洲演講，又重複在美國演講的觀點，這也是馬政府上任以來，反覆強調的，即「中華民國是個主權獨立的國家」、「台灣前途由 2300 萬人決定」。請問聯合報，這兩句話是否與您的「新新三句」中最後一句「中國的領土與主權不容分割」相違背？除非中華民國在主權或領土上已經與中國沒有任何關係，這兩句話才可能成立。請問聯合報，如果台灣在主權與前途的認知上與北京發生根本性的歧異，這個「屋頂」還撐得起來，這雙「筷子」還使得下去嗎？

我們並不否認，在討論「目的論」時需考慮「過程論」，也不反對在討論「統一論」時需重視「連結論」。但是以

上兩個問題如果不能釐清楚，如果「過程」與「連結」的方向是往「永遠維持現狀」或「台獨」，或者助長這種趨勢，我們理性的高度懷疑北京會接受這種「過程」或「連結」的理論。

第三個問題，「過程」與「連結」的具體內容為何？聯合報的「過程論」或「連結論」所提出的「屋頂理論」與「筷子理論」最多只是一個兩岸政治定位的描繪，而沒有對「一個中國的現在進行式」的內容進行探討，即只討論到兩岸的「定位」，而沒有對「如何走」提出看法。針對這一點，我們提出完整的「一中三憲、兩岸統合」，即在兩岸定位上與目標上是「一中三憲」，兩岸走向的路徑則是以「共同體」為借鏡的「兩岸統合」。

我們認為，一個完整的「過程」與「連結」論，包括兩岸自我定位、共同定位與未來的共同走向，缺一不可，以此就教《聯合報》。

至於《聯合報》視我們這些心懷國家、憂心兩岸，良藥苦口之諤諤之言為「犬儒風格」，我們深感遺憾，容我們在下篇文章再陳述。

原文出處：《旺報》，民國 99 年 9 月 23 日。

有正確大方向
才能鐵板一塊

張亞中、謝大寧、黃光國（兩岸統合學會）

　　《聯合報》在9月17日「黑白集」發表了〈選民的風貌〉一文。本文責難藍軍選民中的「犬儒風格」，並認為就是這些像「一袋馬鈴薯」的知識份子或中產階級，無法像綠營「鐵板一塊」，「死忠」對外，而使得藍軍「造成疏離，降低投票率，輸掉選舉」。

　　《聯合報》在面對國家前途方向、大是大非的問題時，是以這樣輕蔑的態度來思考，我們很驚訝、也很遺憾！不知道我們是否就是《聯合報》文中的那「一袋馬鈴薯」，但是基於知識份子的良知與對社會的關懷，還是要提出一些看法，接續著前兩篇對《聯合報》社論觀點的商榷，再就教《聯合報》。

　　《聯合報》當然是支持馬政府現在的方向，他認為馬政府最成功的地方，就是依據了台灣大多數的民意，採取了堅定的兩岸交流政策，一方面維繫了兩岸和平，也同時堅守了中華民國的主權立場，更為台灣經濟打出了一條活

路。這條道路如果持續走下去，自然能爲台灣帶來美好的前景。大家無論如何，都應該珍惜這份得來不易的成果，並儘可能維護這條路線，不要做出親痛仇快的事情。

一個媒體願意依據他的判斷，而選擇自己的言論立場，當然值得敬重，因此我們這一年來，總以敬謹的態度來看待《聯合報》一篇篇的社論大作。然而，爲何在我們也是依據自己的判斷，而提出不同的邏輯，並對時局作出不同的評價時，就要得到「犬儒」的評價呢？是我們坐井而不知天大？還是我們真是一群「失意」的人士，因爲「圖謀」不得，所以想連鍋子都一起砸爛的人嗎？或者，在聯合報眼中，我們只是一群頭腦空空的「一袋馬鈴薯」而已？

從年初我們與《聯合報》就國家前途、兩岸方向的一系列辯論中，相同地方在，都不反對並支持兩岸交流。只是一再提醒《聯合報》，也提醒馬政府，如果在政經分離的邏輯下，一邊推動經貿的交流，一邊又在政治上或論述上不斷製造兩岸「分立」的想像空間，也許這樣的作法在短時間內，因爲大陸想拉住台灣的心理，而可以有些成果，但長此以往，只會爲台灣帶來更凶險難測的結果。這樣的邏輯有甚麼地方是在故意扯後腿的呢？我們歡迎《聯合報》指出我們論述或觀點上的邏輯謬誤並做理性的辯證。如果不走此道，反而是透過「黑白集」送給我們一頂「犬儒風格」的大帽子，是民主社會處理言論應有的正確態度嗎？

　　如果願意仔細回顧我們從年初以來的文章，就可以知道，我們從未以扣帽子的方式來說「馬英九是台獨」，但是我們的確憂心地歸納馬政府的言論與作為，以邏輯推論它是否會導致「種瓠瓜卻結出了絲瓜」，走向「獨台」的結果。我們已經舉了太多的例子推論馬政府已經不知不覺地為「獨台（偏安）史觀」背書立論，而這樣的史觀不止無法協助馬政府凝聚藍營力量，反而會使兩岸關係走上歧路。

　　我們提醒馬政府，兩岸的憲法是主權重疊，高喊中華民國是個主權獨立國家，除了自己爽以外，北京如何接招？我們看到馬政府告訴國際與人民，「台灣前途由 2300 萬人決定」時，我們提醒馬政府，從 1972 年《上海公報》開始，美國的立場就是兩岸問題由兩岸中國人自行解決，亦即共同解決。馬政府為何不告訴人民實話，而跟著民進黨給人民打麻藥呢？當我們主張兩岸政策不能政經分離，因為政經分離的結果只會導致台灣真正自主性的流失時，我們這樣的理性提醒、告誡與推論，是憂心台灣前途的「心所謂危」，還只是聯合報筆下的「譏嘲、笑罵，甚至反目成仇」，不知稼穡之難的犬儒主義想法呢？

　　歷史不是輸了可以重來的博奕或試驗。古有明訓：「恭而無禮則勞，慎而無禮則葸」，如果只是每天畏畏縮縮躲

在「民調」的結果裡，去顛倒政策方向與民意的因果關係，而「放棄領導」，如何領導人民？我們所以要曲突徙薪地不斷指出這點，這到底算是諍友還是犬儒？在你們點燃燈火，像幫會一樣，大喊鞏固領導中心時，可否容許我們提醒一聲「小心火燭」？

我們願意續貂《聯合報》的分析。為何綠營可以「鐵板一塊」？因為他們有「台獨建國」的最高價值論述，因此，他們可以容忍陳水扁的貪腐、可以容忍綠營政治人物的瑕疵。不過，其結果或許可以幫民進黨帶來執政，但是這樣的論述卻會給台灣人民帶來災難。國民黨今日最大的問題在於不敢質疑「台獨史觀」、不敢挑戰「台獨論述」，反而自以為聰明的企圖移花接木，以為這樣就可以贏得人心。尊敬的《聯合報》、多難的國民黨、迷惘的馬政府，你們真的錯了。拿出清楚的前途大論述，勇敢向前，藍軍自然就是「鐵板一塊」了！

原文出處：《旺報》，民國 99 年 9 月 24 日。

蒼生尋岸大海航行靠舵手或民意？

《聯合報》

　　本報《元旦六論》及《兩岸解藥：從統一論到連結論》系列社論，討論兩岸議題，在兩岸皆見回響。其中有一種來自台灣內部的說法是：在兩岸局勢中，台灣像是一條船在人海中航行，船長須當舵手，豈可隨波逐流？

　　「大海航行靠舵手」是文革口號，也是專政圖騰。將主政者與人民的關係，比喻成舵手與乘客的關係；這是封建政治文學，但未必是民主政治的生理。

　　「舵手論」認為，在兩岸政策上，「由於馬政府的思維是跟著民意走，而非引導民意」，因而認定馬英九是「一個沒有方向的舵手」。「舵手論」者也反對「台灣前途應由二千三百萬人決定」的說法，認為馬政府在兩岸政策上應有「引導民意」的作為，當一個主導方向的「舵手」。

　　其實，在民主政治中，「主政者的意念」與「民意」，二者並非分割與對立的概念。主政者從民意中提煉政策，及民眾受到主政者情操的感召，二者相激相盪，皆是民主

政治的正常生理。據此以論馬政府的兩岸政策，在扁政府八年的動亂之後，標舉「不統／不獨／不武」，完成了三通直航、簽訂了 ECFA；這恐怕不能說馬政府「沒有方向」，亦好像不能說馬政府「隨波逐流」，也似乎不能說馬英九有虧於「舵手」的角色。我們認為，現階段馬政府的兩岸政策，大致反映出主政者意念與主流民意在此階段的最佳交集。

說到「舵手論」，陳水扁應是最鮮明的例證。他有最堅定的「方向」，硬是主張台獨；他也絕不回應民意希望兩岸和解的願望，非要主張台獨。這種「引導民意」的意志，正是「大海航行靠舵手」的典範。然而，最後陳水扁這位「舵手」並未能宰制台灣的「方向」，反而是「民意」帶領了台灣走出「陳水扁的夢魘」（美國的評論）。可見，在民主政治中，將「舵手」與「民意」視為分割與對立的概念，極易出錯。何況，連北京也說，「寄希望於台灣人民」，則為何說在台灣民意中提煉政策即是「隨波逐流」？更為何認為民意的「方向」就一定不是正確的「方向」？

在這個連一家釘子戶的「民意」都要仔細斟酌的兩岸情境中，為何會在兩岸蒼生怒海尋岸的苦難中，假定「舵手」的意志縱然不符「民意」，卻仍應凌越民意？

在台灣，不論就政治觀點或政治價值言，民主問題都超越兩岸問題；若是反對台獨，要用民主方式達成，並要

相信民主體制有能力處理這個問題（否則陳水扁爲何有此下場？）；倘是主張兩岸「統一」、「統合」或「連結」，也要以民主方式進行（看看這兩年進度神速）。民主是台灣的堅持，也是北京的追求。兩岸問題豈可由一名假設與「民意」背離的「舵手」決定？不論這名「舵手」是在台北或北京。否則，何必談什麼「寄希望於台灣人民」？

　　至於「舵手論」爲何扯上本報社論？「舵手論」者認爲，馬英九的「九二共識」、「一中各表」、「中華民國」、「不統／不獨／不武」，不是假的、騙人的，就是沒有方向、沒有效用；且不啻就等同於「與陳水扁一樣」的台獨或獨台。接下來，這些人就不斷明示或暗示，本報系列社論是在爲馬政府放話，於是就將本報社論，也說成是台獨、獨台、兩國論、假中華民國、沒有方向、隨波逐流。這種荒謬離奇的場景，豈不是廿一世紀的文字獄與火刑柱？

　　我們早已聲明，系列社論與馬政府「完全無關」；現在可以再鄭重說一次，系列社論與馬政府的關係是「零」。這種扣帽子的手段，竟然出現在自命爲學者之輩，實在令人駭異。若爲了樹立自己的「學說」，將馬英九說成「台獨」，我們頗不以爲然，但爾我皆「子非馬英九也」，這畢竟只是雙方對第三者見仁見智的評價；不過，若說聯合報社論是主張台獨、獨台、兩國論，是假中華民國，這種

誅心之論則恐怕會令人有「此人究竟有無認知能力」的質
疑。

　　兩岸議題，議論紛紜；一得之愚固可貴，千慮一失亦
瑕不掩瑜，原可相激相盪，截長補短。但若恣意將他人誣
為「台獨」或「沒有方向」，以自我抬舉，豈是自立為「理
論舵手」的正途？

原文出處：《聯合報》社論，民國 99 年 9 月 27 日。

不鎖國並不表示
即有前途大方向

張亞中、謝大寧、黃光國（兩岸統合學會）

　　《聯合報》在 9 月 27 日的社論，以〈蒼生尋岸：大海航行靠舵手或民意？〉一文，部分回應了我們在 9 月 22、23、24 日在《旺報》發表的《方向系列三論》。期盼能再理性地請教《聯合報》若干觀點。

　　大海航行能夠沒有方向嗎？方向不靠船長這個舵手，靠水手嗎？軍人打仗不靠將軍領導，靠小兵自己亂衝？由小兵民調決定？《聯合報》在社論中指責說：「『大海航行靠舵手』是文革口號，也是專政圖騰。將主政者與人民的關係，比喻成舵手與乘客的關係；這是封建政治文學，但未必是民主政治的生理」。我們對台灣要有前途大方向的呼籲，在聯合報眼中，竟然成爲「封建政治文學」、「文革口號」、「專政圖騰」。對於這樣的指控，我們深感遺憾。文字本身無罪！只是因爲文革時有過這句話，這個道理我們就不能再說了嗎？

大方向是指兩岸如何清楚定位

我們願意與《聯合報》來談談甚麼是「民主政治的生理」。民主政治既是全民政治，也是選舉政治、菁英政治與政黨政治。兩岸如何清楚定位，這就是大方向。選前人民因認同理念與利益而投票給政治菁英，日後人民不認同政黨的大方向，不接受政策，政黨與菁英就鞠躬下台。在一個民主社會，要求舵手提出方向，怎麼會變成是「封建政治文學」？

我們從未如《聯合報》所指責的分割「領導」與「民意」。我們要強調的是，在一個民主社會，領導人與政黨要給人民方向，是一個「責任」，更是一個「義務」，方向當然要經由民意檢驗。我們與《聯合報》及馬政府在兩岸定位大方向的認知上差別很大，這也正是自今年初以來，陸續為文，期盼向《聯合報》請教的目的。

我們在文章中完全肯定馬政府完成「三通」與簽署ECFA，但是這些都正如同馬英九自己說的，只是填補了扁政府八年來該做而沒有做的。這些都只是政策的一環，它們的功能是為解除民進黨執政八年為台灣前途所纏繞的「枷鎖」。《聯合報》與馬政府或許認為，去掉民進黨的「鎖國政策」就是大方向，視其為政績，但是我們卻認為，去掉枷鎖並不表示就有了前途方向，這只是為政者的一個

最基本的工作而已。

論述不能以愚民為基礎

讓我們再進入實質性的討論。《聯合報》在社論中說我們「反對『台灣前途應由 2300 萬人決定』的說法」，並用以暗指我們不尊重民意，而沒有回應我們的邏輯錯哪裡？容我們對這種移花接木、源於民進黨「前途自決說」的盲點再說清楚一點。

第一、從憲法上來說，兩岸目前雖然處於分治，但是主權重疊。「前途自決說」自然是一種主權的宣示。除非修改憲法，兩岸是統、是獨、永久維持現狀、或是共同體的統合都需要兩岸人民共同決定，這是憲法的基本常識。不去引導民意，反企圖以民意為理由來顛倒憲法規範，絕非正途。

第二、從政治學上來說，「前途自決說」的盲點在於，「自決」的終點在哪裡？台灣前途如果可以由 2300 萬人決定，台北前途可否由台北市民自由決定？大安區民可否自由決定前途。這個濫觴於民進黨的「住民自決說」，本身有邏輯上的問題，可嘆今日馬政府卻是牙牙學語，奉為玉律。

第三、現在有 51% 民意主張「永久維持現狀」，是民

意自發，還是近年來政治操弄的結果？如果未來有 51%決定台獨，馬政府是否就決定遵守民意？全民準備與北京好好打一仗？現在馬政府真的要繼續「前途自決說」這種看似爽快，卻是民粹或欺騙式的語言？《聯合報》也要繼續支持嗎？

《聯合報》27 日的社論有太多情緒、刻意曲解與不真實的演繹，我們不想對那些內容反駁。年初以來，我們嘗試與《聯合報》和馬政府做理性的對話。我們的確對《聯合報》的「一中各表」、「屋頂理論」、「筷子理論」、「過程論」、「階段論」、「維持現狀」等理論提出質疑，但是我們幾個區區學者哪有能力為《聯合報》製造「廿一世紀的文字獄與火刑柱」？希望《聯合報》能夠理性地告知，我們錯在哪裡，而不是用「犬儒主義」、「荒謬離奇」、「自命為學者之輩」、「自我抬舉」來進行對話。

原文出處：《旺報》，民國 99 年 9 月 30 日。

第六部分

從德國統一經驗論「一中同表」

張亞中（兩岸統合學會）

從「一德各表」到「一中同表」
——德國統一經驗的反思

張亞中

他山之石：對「一德各表」深入探討

　　10 月 3 日，是德國統一 20 週年的日子。在德國統一 20 年後的今天，我們可以認真思考一個問題，即德國統一經驗可以為兩岸帶來甚麼樣的經驗與啟發。

　　德國問題有非常多的層面可以探討，本文希望從可以為兩岸借鏡相關的地方著手。特別是兩岸目前所熟悉、也無法釐清的「一個中國」與「一中各表」。這個在德國問題上或許可以稱之為「一個德國」、「一德各表」的主張，在德國問題中扮演甚麼樣的角色？東西德又是如何看待這兩個概念，它們在德國統一過程中扮演了甚麼樣的功能，或者可能產生甚麼樣的阻礙？它們有無可能應用在兩岸關係？我們應該如何取長捨短，以為兩岸所用。

　　西德在推動統一過程中，有哪些是不變的核心信念？東德又是如何因應西德的政策？在德國問題中也出現過「漢賊不兩立」的政策，也有東德為了在法理上與西德做徹底切割，提出從「一族一國論」到「一族兩國論」，再

到「兩族兩國論」的各種論述，並在法理上落實。兩岸可
以從這些論述中得到哪些啓示？

在進入本文以前，先確定三個名詞的定義，一個是戰
後成立的德意志聯邦共和國，本文簡稱西德；一個是德意
志民主共和國，本文簡稱東德；第三個，也就是以 1937 年
疆界爲基準的德意志帝國，在本文中簡稱德國，也指未來
再統一的德國。這個定義並非作者爲寫作而方便的創見，
而是出現在東西德官方法律或文件的說法，正確名稱爲「整
個德國」（Gesamtdeutschland）。

東西德制憲均不忘統一：「一族一國」的共同立場

1945 年二戰結束，德國戰敗，領土被四強佔領，1949
年東西德分別制憲，在西德稱之爲基本法，在東德通過的
是憲法。成立後的東西德均符合國家組成客觀條件，東西
方集團分別給予國家承認。東西德在制憲時均是堅持「一
族一國」的立場，追求統一是絕對目標。

西德所以用基本法爲名稱，其目的彰顯其僅是過渡
性。將首都選在小鎮波昂，也是希望凸顯未來的首都應該
在柏林。兩者均爲表達西德堅持追求德國統一的決心。

爲追求德國的統一，西德基本法做了幾個關鍵性的規
定。首先，在序言中稱「在……各邦之德意志人民自覺其

對上帝及人類所負之責任，決心維護其民族與國家之統一」，把統一拉高到與上帝及人類的層次，以表明其追求統一的決心。其次，以「我上述各邦之德意志人民於此並為其他未能參加之德意志人民制定此基本法」的宣示，表明此一根本大法同樣適用於東德與其它地區的德國人，表明西德政府為正朔。最後，以「務望我全體德意志人民依其自由自決完成德國之統一與自由」的表述，宣示統一的方式是經由全體德意志民族的自決民主程序。

西德所以會強調用民主的程序追求統一的原因？第一、從意識形態上來說，西德視民主為基本價值，必須作為統一的工具；第二、從政治上來說，西德憲法學者日後對於「自決」的解釋，認為只有「民族自決」，而非「人民自決」，即應該是整個德意志民族共同行使自決，用以阻絕東德可以主張的「人民自決」。

在德國以何種方式進行統一方面，基本法第 23 條確定的方法為「加入法」。該條稱：「本基本法暫時適用……，德國其他部分加入聯邦時，應適用之」。換言之，西德將當時東德各邦仍視為西德的一部分，只要它們願意加入西德，隨時可以適用。

在當時，這樣的規定被視為是對東德的輕蔑，1950-80 年代間，幾乎很少人會認為這條規定有甚麼意義，沒有想

到，1990 年德國的統一，卻是用德東各邦加入西德的方式，完成德國的統一。

為了表示西德就是德國，延續了德國原有的國際法人格，特別在第 116 條規定：「除法律另有規定外，本基本法所稱之德意志人，係指具有德意志國籍，或以具有德意志人民血統之難民或被迫驅逐者，或其配偶，後裔之資格准許進入以 1937 年 12 月 31 日為疆界之德意志帝國領土之人」。

為何以 1937 年 12 月 31 日為基準，因為依據國際法，德意志帝國在該日以後所得到的領土，包括奧地利、屬於捷克的蘇台區、米美爾（Memel）地區均屬無效。這個條文的意義在於，符合這個規定的德國人，只要到了西德，均可以立刻要求給予西德的身分證。所以，東德的人民只要願意拿西德身分證，馬上可以取得。透過這個條文，西德的制憲者很清楚地宣示，西德不是一個新生的國家，因此它不需要創造自己的國籍。這是一個約束西德政府的條文，即不得拒絕「德國人」拿西德身分證。用這個方式來宣示：西德就是德國。看來，目前兩岸都主張自己是中國，可是卻似乎缺少了西德制憲者般的豪情大氣。

西德的制憲者透過以上幾個法律條文，規範了統一的使命、方式，並以自己為德國承續者自居。西德的邏輯很清楚，它不僅代表德國，它就是德國。

東德在制憲時，也是以德國的承續者自居，在序言中，也表示是為「德意志人民制定本憲法」。第 1 條即稱「德國是一個不能被分割的共和國」、「共和國決定所有德意志人民生存與發展之事務」、「僅有一個德意志國籍」，第 25 條「所有礦產……及所有具經濟價值之自然資源……有關整個德意志人民之利益者，均受共和國監督」。

東德的制憲者表達了東德就是德國的決心，但是，這個立場很快就動搖了。

東德第一次大轉向：走向兩國論

為了擔心西德走向北約集團，1952 年，蘇聯史達林向西德總理艾德諾提出了德國可以統一，但是必須是中立的統一照會。艾德諾並沒有接受，他對於蘇聯沒有信心，他認為中立後的德國必然會成為蘇聯的戰利品，德國的中立不會為歐洲帶來和平。在艾德諾的信念中，安全第一、和平第二、統一則是最後一個順位。

1955 年 5 月 9 日，西德加入北大西洋公約組織。隨後，5 月 14 日，東德和蘇聯及東歐國家八國締結了《友好合作互助條約》，構成了軍事政治同盟華沙條約組織。歐洲分裂成兩大對立的軍事集團。當對峙成為結構時，東德也在蘇聯的引導下，開始改變其德國政策。

在加人華沙公約以前，東德已經感受到壓力。1953 年3 月東德難民潮事件及 6 月 17 日的工人暴動事件，使得東德更感覺到其政權的風雨飄搖。東德開始想與西德及德國劃清界線。1953 年 9 月 17 日社統黨總書記烏布里希特在該黨第 16 次中央委員會議上首先提出在德國有兩個國家的主張，同年 11 月 25 日烏布里希特在東德人民議會中再次強調「目前在德國有兩個國家」。東德開始推動「兩國論」了。

西德加入北約，蘇聯以「中立統一」誘引西德的政策失敗，政策轉向支持「兩國論」。在 1955 年日內瓦會議前，蘇聯已開始在其各項官方發言中，將「兩個國家」的看法納入。有時稱「兩個德國」、「德國兩個部分」、也有時稱「東西德」。在日內瓦會議時，蘇聯更明確地表示在德國的土地上已有「兩個國家」。赫魯雪夫於會後訪問東柏林時並發表演說稱，爾後任何有關解決德國的方案，都必須以兩個德意志國家存在爲前提。這個時候的「兩國論」依然以「同屬德意志民族」爲基準，可以說是「一族兩國」的主張。

西德的堅持：一個德國與民族自決

西德的回應當然是堅守「一族一國」、「一個德國」（整個德國）政策，凡是與東德建交的國家，西德以「霍

爾斯坦原則」以對，即視之爲不友好的國家，立刻毫不保留地與其斷交。不過，這個原則有個例外，就是蘇聯。西德的解釋是，「德蘇外交關係的建立，應被視爲促使德國克服分裂與走向統一道路的一種途徑」。這是西德在國際環境現實下，要想德國統一與解決戰後在東歐的難民問題，不得不做的妥協。

日內瓦會議以後，艾德諾發現，西方國家已經不把德國問題解決做爲歐洲和平的先決條件，德國統一問題已經從國際政治的舞台上退卻，西德必須要靠自己了。

1959 年艾德諾提出了「柯洛布克（Globke）方案」，這個方案屬於臨時性，也是過渡性的方案，內容包括五年爲緩衝期，針對緩衝期訂定過渡性規則，並「在六個月之內相互建立官方關係」，「五年後在東西德舉行全民投票，如果東西德均多數贊成統一，則德國將自投票日起統一；如果東西德均未達多數，則東西自投票日起，分離爲兩個主權國家」。

蘇聯並不願意接受西德這個方案，仍然堅持德國問題通過「和平條約」解決。美國也沒有很認真地看待西德的提議，這個方案自然未能成真。

1961 年 8 月 31 日，西德所擔憂的事情終於成爲事實。東西柏林多處邊界上已由圍牆取代了鐵絲網。德國的分裂

看來會持續一段很長的時間。1962 年 6 月，艾德諾在私下與蘇聯史密諾夫會面時提出了「城堡和平計畫」（Der Burgfriedensplan，意譯為「短暫和平計畫」），即希望與蘇聯簽訂一個十年為期的「城堡和平計畫」，十年後再付諸表決。先決條件是，在這十年內給予蘇聯占領區（即東德與東柏林）內人民較多的自由。

　　冷戰時期的蘇聯，對於艾德諾這項建議是完全沒有興趣的。對於蘇聯來說，艾德諾從來就沒有放棄用民主自決的方式完成統一，但是蘇聯要的是德國的永久分裂，自然對艾德諾的所有統一方案都沒有興趣。

東德的策略：推出中立邦聯的主張

　　東德在 1955 年推出「兩國論」政策以後，由於西德採取「漢賊不兩立」的「霍爾斯坦原則」反制，在國際上能夠擴展的國際空間有限。東德了解，必須從西德下手，才可以讓東德的國際法國家人格得到承認。

　　1956 年 12 月 30 日，烏布里希特首度呼籲以「邦聯」做為東西德統一的過渡方案。東德的方案是，西德需首先退出北約，然後東西德共同成立一個「全德諮商會」（Gesamtdeutsche Rat），以作為邦聯的功能機構。不止這一次，東德最後一次提出共組邦聯的建議是在 1966 年 12 月 31 日，這次所提提出成立邦聯的十個步驟包括：東西德

建立正常關係、放棄使用武力、承認邊界、裁軍、放棄核武、兩德與歐洲其他國家建立正常外交關係、中立、簽署條約尊重西柏林的特殊地位……等等。

　　或許可以從東德的呼籲中，看到兩岸似乎也有類似的情形。在台灣，有人倡議成立「和平區」、呼籲北京「撤飛彈」、兩岸成立「邦聯」等等，這似乎是處於政治與軍事劣勢下的必然反應，北京迄今還沒有接受，正如同當時西德也沒有接受一樣，理由雖不盡相同，但是邏輯沒有多大差別，均認為在核心問題沒有解決前，這些主張都是不盡務實。

　　在西德看來，東德所提的中立邦聯方案根本就是不可行的。在中立主張方面，它違反了西德藉由北約維護安全的首要目標。在法理方面，兩德如果成立邦聯，代表西德必須以承認東德為一個主權國家為代價，這是違反西德的制憲精神，此與 1950、1960 年代西德的政策不合，是無法同意的。在有關統一路徑方面，西德堅守其基本法的規定，咸信須先由全德意志人民舉行自由選舉，然後由選出的議員共組國民大會以制訂一全德的憲法，而不是透過東西德的邦聯途徑。

西德統一政策的調整：東西德是「一德兩國」內的特殊關係

1969 年 10 月西德大選，以統一爲首要目標的社民黨布朗德上台，開啓了德國問題的另一種思維。布朗德的東進與德國政策理念在於，他認爲德國能否統一的必要條件有二：一是善意的國際環境；二是兩德的充份交流。前者尤指改善與蘇聯的關係，後者指爲避免兩德人民因長久疏離而漸失對統一的認同。布朗德並盼藉由西方與東德的接近，使東德民心向西方轉向，此即所謂由「接近促成改變」(Annäherung zur Änderung)的理念。

在歷史上，德意志是個長久處於分治的民族，以近代史的國家意義來說，德國在 1871 年才首次統一，到 1945 年德國被占領，德意志統一的時間只有 74 年，缺少統一的歷史記憶。布朗德認爲如果兩德人民再因意識形態而分隔，未來統一之路必然更爲困難。另一方面布朗德的社會主義傾向，也讓他覺得有必要快速與蘇聯、東歐、東德儘速改善關係。「接近促成改變」政策就是在這些多種因素下形成。

1969 年 10 月 28 日，布朗德甫任總理七日，即首次發表政府聲明稱：「德國問題必須在『歐洲和平秩序』達成時才能算是解決；且在此問題上，無人能使我們信服，德

意志人民沒有與其他人民相同之自決權」;「我們(德意
志人民)……必須防止德意志民族進一步的疏離,並尋求
經由正常的相互共存以達到相互合作」;「聯邦政府提議
與德意志民主共和國在無歧視的政府層次上重新研商,以
達成條約上的共同合作。聯邦政府不對德意志民主共和國
作國際法上的承認,即使在德國存在著兩個國家,但他們
彼此而言,並不是外國,他們間的相互關係僅是一種特殊
形式(eine besondere Art)」。這是一篇改變東西德關係的
歷史性聲明。西德從「一個德國」、政策走到「一德兩國」
政策

　　西德願意做政策上的調整,東德讚許布朗德「兩個德
意志國家」的主張,但是東德的態度仍然堅硬,目標仍是
追求一個與西德在國際法上相互平等的地位,因此僅對與
西德相互作國際法關係的承認,即只對雙方發展「外國關
係」感到興趣。

　　1970年3月29日東西德雙方展開戰後兩國政府第一次
會談,5月21日繼續會談,在核心問題,即東西德兩個是
否是國際法上的國家關係上沒有交集。西德最後建議「暫
時停止討論」。布朗德深知,東西德關係必然在西德與蘇
聯關係改善後方能推展,其德國政策的架構亦必須在顧及
蘇聯利益的前提下才能成功。自此,西德將目標轉向蘇聯。

1970 年 8 月 12 日西德與蘇聯簽署《莫斯科條約》，其中規定雙方均放棄使用武力、尊重現有歐洲國家的領土完整、不提領土要求、歐洲國家現有疆界不得破壞，其中特列舉包括波蘭的西界以及東西德的疆界。

這份條約等於是戰後西德（代表德國）與蘇聯簽的和平條約，其中有關戰後歐洲領土疆界的確立，對於蘇聯而言，是再滿意不過了。這表示蘇聯幾乎全贏了。在蘇聯看來，波蘭疆界確定表示蘇聯從波蘭東邊拿到了合法的領土，波蘭從西邊也拿到了合法的土地，東西德的疆界也已經確定，一個戰後還沒有簽的「和平條約」，其應有內容都已經完成，有無「和平條約」已經不重要了。

蘇聯既然已經得到想要的所有東西，自然希望東西德能夠早日簽署條約，而不再支持東德的堅持，反而向東德施壓。1971 年 5 月 3 日烏布里希特辭職，改由何內克繼任。自此，兩德的協商快速進行。

1972 年 12 月 21 日東西德簽署《基礎條約》。東西德在此條約中互有得失，東德得到了西德的國家承認，但未獲得西德的國際法承認，西德所主張有關東德不是外國、兩國間的關係屬特殊關係、雙方應以追求統一為目標等立場均未出現在條約中。西德所得為，東德應允在經濟、交通、文化、體育……等各範疇內與西德展開合作。

如果不經意地來看《基礎條約》，可以得出這根本就

是一個分離的條約。首先在「序言」部分，明確地指出「意識到疆界之不可侵犯以及尊重全體歐洲國家現存疆界之領土完整及主權，是和平之基礎條件」，這表示西德必須尊重東德的領土與主權。在第二條再次規定，雙方「遵循聯合國憲章所載之目標與原則，尤其是所有國家主權平等、尊重獨立、自主及領土完整、自決權、保障人權及不歧視」。為何有了這些清楚的共識，西德自己或外界還會認為《基礎條約》是一個「同意歧見」（agree to disagree）的條約呢？

關鍵出在「序言」第三句「認識到兩個德意志國家……，基於歷史之事實……在基本問題上，包括民族問題，有不同之見解」，以及最後一條，即第九條「同意本條約不觸及雙方已簽訂或與其有關之雙邊或多邊之國際條約與協議」。這個所謂「基本問題」就是統獨問題。而如果沒有第九條，西德所主張的「承認東德為國家，但非外國」就失去基礎了。

「東德為國家，但非外國」能夠存在的理由在於西德認為由於 1937 年疆界的德國還沒有滅亡，因此東西德兩個國家迄今仍是德國的一部分。因此，如果 1937 年疆界的德國已經滅亡，那麼在彼此已經同意尊重對方的主權與領土完整情形下，東西德的關係自然就是外國關係。在西德看來，《基礎條約》是個「一德兩國」的條約，在東德認知

上，這是個「一族兩國」的條約。

「德國」仍然存在：「一德兩國」與「一族兩國」的差異

那麼，1937 年疆界的德國到底有沒有滅亡呢？東德在 1949 年制憲時說沒有，且主張東德就是德國，但是從 1951 年 6 月與 10 月的兩項最高法院的判決中，開始表示「德意志帝國已經由所謂的征服，在 1945 年 5 月 8 日滅亡」，並確定東德為一個新生國家，與德意志帝國沒有關係，也不是它的繼承者或部分繼承者。由於德國已經滅亡，因此，東德視《基礎條約》就是兩個新生國家間的條約。

西德則認為德意志帝國並沒有滅亡，理由為：

第一、就領土方面而言，由於戰爭末期及戰後四強的書面聲明及有關議定書，皆未對德國作永久佔領的表示，亦無將德國，或分割過的德國一部分納入自己國家版圖的意願。四強甚而在 1945 年的＜柏林宣言＞中強調，四國在承擔執行德國國家權力時，「並不構成對德國的併吞」。故可知，德國的領土僅是被暫時的佔領，既未被併吞亦未被征服。

第二、德國的國家權力並沒有因為被所謂的征服而消失，德國的統治權力只是被佔領國的權力所「覆蓋」及「超越」，德國的中級及地方行政事實上仍然繼續存在。雖然

德國在事實上已不具有效運作的機構，但這只是表示德國政府的行為能力已經喪失，並不表示德國失去其原本具備的法律能力。

第三、由於「征服」的結果是戰敗國人民改變其國籍，但德國國民卻未被迫喪失其國籍。

第四、就各國的後續行為來看：《波茨坦議定書》中已明文規定四強對德國疆界的處置措施。若德國已經滅亡，繼承國沒有必須接受該議定書的拘束，該處置措施自無簽訂之必要。故可推論，四強訂定有關的賠償條款時，基本上是以承認德國仍然繼續存在為前提。

第五、1945 年聯合國憲章第 107 條訂有所謂之「敵國條款」，及第 53 條第 2 款將敵國界定為「本條第一項所稱敵國係指第二次世界大戰中為木憲章任何簽字國的敵國而言」。假若東西德是兩個新生國家，則上述兩條文對東西德而言，是不具任何意義。但事實上，四強一直是將東西德視為該二條文的適用對象。

基於上述理由，西德認為，德國的領土與人民並沒有消滅，國家權力也沒有完全被佔領國家取代，國際社會各國家的行為亦直接或間接地承認德國仍然存在，故就國際法的層面而言，德國應屬尚未滅亡。因而，對西德而言，「一德」絕非指「德意志民族，而是以前的德意志帝國，

當時是指由繼承其法統的西德，以及未來再統一的德國。

因此，對於西德來說，《基礎條約》第九條「同意本條約不觸及雙方已簽訂或與其有關之雙邊或多邊之國際條約與協議」指的就是《波茨坦議定書》與聯合國憲章等重要文件。西德不僅以法理來說明德國沒有滅亡，西德聯邦憲法法院在歷次的判決中，亦均持德國仍然續存的看法。1973 年 7 月 31 日在有關《基礎條約》的判決中更明確地述明法院認為德國繼續存在的理由，該次判決稱：「德意志帝國在 1945 年後仍然繼續存在，它既不因投降，亦不因佔領國在德國行使外國權力而滅亡，此可從基本法序言，第 16 條、第 23 條、第 116 條及第 146 條而得知。聯邦憲法法院並已於數次判決中確定德意志帝國仍然存在。雖然它作為一個整體國家而言，缺少組織，特別是缺少憲政機關，而使得它無行為能力，但它仍如以往般地擁有法律能力」。（*BVerfGE 36*, 1 ff/16）

在實際的政策上，西德也以德國沒有滅亡，對東德的承認只是國家承認而非外國承認的法理立場施政。因此，成立與東德關係事務的單位名稱是「德國內部事務部」，派遣東德代表的權力不屬外交部，在東德的代表稱之為常設代表，而非大使，稱東西德的關係是「內部關係」，並宣稱《基礎條約》只是一個臨時條約。

雖然西德這麼解釋、這麼做，但是東德卻不這樣認為，

東德派在西德的代表就叫大使，由外交部處理東西德關係，視兩德關係爲「外交關係」，並宣稱《基礎條約》當然是一個永久性的條約。東德要的是「一族兩國」。

以「一德各表」爲基礎的《基礎條約》通過後，東西德在 1973 年 9 月 18 日，經由聯合國大會的鼓掌通過，成爲第 134 與 135 個會員國。從此以後，兩個國家在聯合國與國際間的互動與其它國家間的關係沒有不同。

東德第二次人轉向：推動兩族論

在加入聯合國後，東德並不滿足亦不安心。由於西德一直強調德國問題最終要通過「民族自決」解決，而非「人民自決」東德決定更改自己的憲法，把「一族兩國」論，變成「兩族兩國」論。

1960 年時，即使東德主張兩國論，但是仍堅持自己與西德一樣，同屬德意志民族，12 月烏布里希特在社統黨中央委員會中表示，持兩個德意志民族主張，是一項「錯誤的看法」。東西德人民「雖然暫時分離，但統一民族的重建，是一歷史上必然之事」。1966 年 2 月 28 日東德雖然申請加入聯合國，主張兩個德意志國家，但在聲明中仍主張東西德爲同一民族。1967 年 2 月 20 日，東德人民議會通過「國籍法」，主張東德人民雖有自己的『東德國籍』，但

即使如此，仍認爲東西德皆屬於同一民族。

　　從 1970 年開始，東德開始改變其民族立場， 12 月 7
日烏布里希特在社統黨廿五週年紀念籌備會的演講中，以
意識形態的差異作爲兩德民族不同的理由，該談話稱：「由
封建主義至資本主義過程中所形成，並自 1871 年至 1945
年在一個統一國家內所存在的資產階級德意志民族已經不
存在。德意志民主共和國爲一個社會主義德意志民族國
家，社會主義民族已在其（指東德）建立的過程中形成，
這是不容否定的事實」。烏布里希特的繼任者何內克，亦
繼續持上述觀點。何內克在 1971 年 6 月東德社統黨第八次
代表大會中再稱：在東德已形成一新形態的民族，即「社
會主義民族」，然而在西德的仍是「資產階級民族」。

　　隨後，東德將其對民族的見解納入其 1974 年 10 月 7
日修改的憲法中。該憲法序言刪除 1964 年憲法中所使用的
「德意志民族」等字，而只保留東德「人民」。第 1 條東
德自稱「爲一個工農民之社會主義國家」以取代 1964 年憲
法之「德意志民族社會主義國家」。

　　東德認爲，經由「兩族論」的確定，可以迴避西德憲
法「民族自決」的規範，只是他們沒有想到，理論建構的
速度還是比不上未來人心的思變。

「一德各表」的《基礎條約》的功過：不能確定

德國統一已經 20 年了，在 22 年前，幾乎還沒人會預測德國會統一。布朗德到底是德國統一的推手，或是有可能成為德國永久分裂的「罪人」，在當時沒人能夠說得準。事後來看，《基礎條約》對於要統一的西德而言是個險棋，從好的方面來說，布朗德政府在《基礎條約》中，突破了東西德廿餘年的隔離，使得雙方人民有開始交流與合作的機會，此有助於東德人民了解西方的社會，累積的社會力量，終於衝破圍牆，推動了德國的統一。看來他的「接近促成改變」政策發揮了功效。

但是如果換一個角度看，由於《基礎條約》的簽署，東德獲得西德的國家承認，使其國際地位日益鞏固，此似又與西德的統一目標有所背離。從歷年的民意調查顯示，自布朗德政執政推動其「一德兩國」政策後，多數的西德人民覺得德國的分裂似已成定局。《基礎條約》簽署後的 1973 年，認為德國會統一的人民只有 9 個百分點，認為德國不會統一的則高達 81％，到了 1987 年，只有 3％認為德國會統一，認為不會統一的高達 97％。

本文篇幅有限，不再談 1990 年整個東歐驟變時，西德

內部的因應遠遠趕不上環境的變遷，東西德是在東西馬克
兌換的誘因、對民主與經濟追求的狂熱下完成了統一（這
個討論可能再需要一篇文章）。現在我們做一個假設，例
如當時的東德政府能夠暫時穩住局面，或者做一些局部的
妥協，讓東德政府能夠延續，那麼最後的結果可能是甚麼？
如果東德與其它中東歐國家一起在 2004 年加入了歐盟，德
國統一還有機會嗎？當然歷史不會假設，但是如果把德國
統一做為兩岸經驗時，就必須認真推演這個問題。在德國
統一 20 年，也是兩岸關係正在快速發展的時期，我們有必
要從德國問題找尋若干啓發。

德國經驗的啓發：「一中同表」才是正道

　　第一、從艾德諾開始，所有的西德總理都以改善東德
政治、經濟社會環境為目標。事後來看，不能說西德的努
力沒有效果，但是是否有改變東德人民對於統一的期望，
由於沒有民意調整可以證明，不能妄下斷語。我們可以這
麼說，西德與東德在進行一場「時間對誰有利的搏奕」，
西德認為時間站在他那裡，透過經濟、文化交流，東德遲
早會發生改變，為統一創造機會；但是東德卻認為，時間
在他那邊，透過新的國族認同教育，與在國際間以主權國
家的出現，東西德的分裂將更為確定。東西雖然最後是統
一了，但是我們並不認為這就表示以「一德各表」為基礎

的《基礎條約》就一定有它的功能，因為它也可能提供了東德建構自己國族認同的機會，反而可能阻礙了德國的統一。因此，未來兩岸簽署和不協定時，不可以讓「是否有利統一」成為搏奕的標地，而應確定是往「確保兩岸不分裂」的方向走。

第二、「一德各表」中「各表」部分，是指對「是否要統一」的「各表」，是對「德國」是否已經滅亡的「各表」。西德對此做了讓步，沒有在條約中堅持。轉而用責成行政部門在政策中「不可放棄再統一命令」的方式來表達其堅持德國統一的立場，以及用自己的憲法規範與政策行為來證明德國還沒有滅亡。東德對此則是清楚說「不」。這樣的「各表」，北京可能接受嗎？由於「一德各表」並沒有對「一個德國」做出共同的解釋，在簽署《基礎條約》以後，東德取得國際承認，「一族兩國」成為事實，隨後東德透過制憲快速走向「兩族兩國」論。在兩岸問題上，北京可能很難冒這個險。因此，我們可以推論，如果未來的大方向不確定，甚而會有反向的可能的內容，都會使兩岸和平協定無法達成。

第三、西德所以會接受「一德各表」，因為西德看清楚當時的國際局勢，四強已經不再把解決德國問題視為歐洲和平與安全的先決條件，而且四強均對促使德國統一已

經沒有興趣。西德必須自己來解決這個問題，因而採取「接
近促使改變」的思維，願意一賭，並希望徹底改善與蘇聯
與東歐的關係。西德所以會願意讓步承認東德是一個國
家，因爲這是蘇聯要的底線，西德如果不做這個讓步，當
時的蘇聯不會同意與西德和解。兩岸分治是內戰造成，國
際強權很難像蘇聯一樣，合法地介入，因此，北京似乎也
不容易在偏離大原則的情形下做讓步。另外，台北能夠獲
得的國際支持有限，美國會像蘇聯支持東德一樣，支持台
北嗎？我看也很難。

第四、西德所以可以守住自己的底線，關鍵在於它對
於德國沒有滅亡的解釋，靠著對於國際協議的解釋（《基
礎條約》第九條），才使得「整個德國」取得了法理基礎，
它因而才可以在容許東德對「一個德國」各自表述，而不
會傷害自己的憲法對於追求統一的規定。兩岸是內戰形
成，屬於整個中國的內部事務，所以，如果兩岸不能夠對
「統一」或「不分裂」達成一致認知，兩岸的相互承認，
就有可能造成永久分裂的可能。這是德國問題與兩岸問題
最不同的地方。

第五、雖然《基礎條約》與德國統一兩者之間不必然
有正相關的關係，但是我們必須肯定歷屆西德政府推動與
東德交流的用心，特別是「接近促使改變」的作法，爲 1990
年德國能夠快速統一累積了必要的能量。因此，兩岸的交

流應該持續，應該擴大。凡走過必定留下痕跡，交流一定會產生功能，但是，我們也不要期望只有經濟交流就可以改變現狀，政治問題還是需要政治解決，德國問題清楚地顯示，經濟、文化最多只是個助力罷了。

第七、相互平等是《基礎條約》的重要精神。雖然東西德在《基礎條約》中對於「一德」是「各表」，但是對於雙方是平等地位，相互尊重則是「同表」。沒這個「同表」，東德根本不可能簽署。對於兩岸來說，我們可以將「同表」的部分擴大到對「一中」的見解，但是兩岸關係部分，也應是相互平等的「同表」。

第八、人民的意願很重要。雖然西德人民對於是否能夠再統一的看法愈來愈悲觀，但是對於統一的期望卻沒有多少降低，從 1948 年到 1987 年的歷次民意調查顯示，對統一有期望者均占八成以上。這個比率應該可以歸納為西德政府長期對其人民政治教育社會化的結果，這也是為何西德人可以很快，幾乎以不惜代價方式接受德國統一的原因。我們沒看到東德的民調數字，東德也不會做這種民調，但是從學理上，我們可以推論，如果統一的意願都喪失時，未來要統一自然變得更困難。

「一中三憲、兩岸統合」吸收了德國問題的經驗，但是提出一套完全不同於德國模式的論述。在未來兩岸和平

基礎協定的簽署中，「兩岸同屬整個中國」、「承諾不分裂整個中國」、「尊重對方爲憲政秩序主體」，都應該屬於「一中同表」的部分，也是兩岸政治定位的核心。至於希望「兩岸在雙方同意的領域成立共同體」則是爲兩岸未來經濟、文化、社會等交流提供一個兩岸均可以參與、有助於累積重疊認同、強化兩岸走向統一意願的架構。這一方面則是從歐洲統合經驗找到借鏡，也是東西德沒有採行的途徑。

在德國統一 20 週年的今天，回顧過程的同時，也盼藉他山之石，爲兩岸找尋經驗與智慧，「一中三憲、兩岸統合」是德國經驗的修正補充，提供兩岸有識之士參考。

原文出處：《中國評論》，2010 年 10 月號，第 154 期。

第七部分

兩岸和平共處法是否可行？

曹興誠
與
張亞中（兩岸統合學會）

兩岸和平共處法的呼籲

懇請馬總統大膽制定「兩岸和平共處法」
促進兩岸互信互助

曹興誠

馬總統即位一年多來，給人的感覺，不太像已經執政，卻好像還在競選。執政者行事應該立場鮮明、大刀闊斧；競選者則須謹言慎行、避免爭議；而馬總統迄今頗似後者，不像前者。以這次八八水災為例，小林村數百人遭到活埋，顯然除了天災，還有人禍。但馬總統只是一味安撫道歉、撒錢消災；對過去地方治水疏失則不于追究，力求息事寧人。

再就「開放對大陸投資」來說，因為綠營仍有雜音，所以一年半來，相關政策仍然「扁規馬隨」、原地踏步，毫無更動。最近，嚴凱泰先生對政府遲不開放汽車業對陸投資，公開大表不滿。連馬總統在企業界最好的朋友都已經按耐不住，其它產業的怨怒當然更甚。

司法方面，也是如此。檢察總長陳聰明偵辦扁案不力，藍營迭有怨言，但馬對總長人事迄今不肯做任何更動。又

如，新竹縣長鄭永金在 2006 年遭新竹地檢署以受賄圖利罪
起訴；本案其實毫無證據，但當時的新竹地檢署檢察長洪
威華，爲打擊藍營以巴結阿扁，不惜獨排眾議、堅持起訴。
2008 年底，鄭縣長初審獲判無罪，本以爲政黨輪替後，這
種政治辦案會就此結束，未料卻接到馬總統電話，說還要
將其上訴，請鄭縣長要「忍耐」，不要「學曹興誠去罵檢
察官」。鄭縣長當然極爲不滿，認爲馬總統因爲顧慮爭議，
對自己同志竟也不分青紅皂白，「扁打完，馬再踢」！因
此縣長改選時，完全不理馬之指揮。鄭縣長最近二審也已
經勝訴，但聽說檢方還要上訴至最高法院，讓許多人都覺
得荒謬。按理說，三審制的目的，是爲了保護百姓人權的；
但在台灣，卻經常被少數理虧卻氣盛的檢察官加以濫用，
使許多無辜百姓或企業遭到無止境的纏訟。在美國，刑事
被告一審無罪之後，檢方除非有新事證或新罪名，不得再
上訴；以免「一罪兩審」，讓被告遭致「雙重傷害」（double
jeopardy）。台灣檢方對無辜的刑事被告，卻可以不斷地上
訴，一再地傷害，而絲毫不受制衡。此所以企業界普遍畏
檢調如東廠，敢怒不敢言。作過法務部長的馬總統，頻頻
爲過去的人權問題對綠營鞠躬道歉；但對檢方可以無限制
濫訟，卻不明令修法改進，顯然也在避免爭議。

　　近日馬總統在接受美國《華爾街日報》專訪時，表示
「兩岸能否如大陸所期待的達成統一，得看未來數十年情

勢發展，目前沒人能回答這個問題」。這話意味著，馬總
統即使連任八年總統，他對統獨問題也是絕對不會去「沾
鍋」的。

「避免爭議」等於「放棄管理」

　　馬總統這樣謹言慎行，極力避免爭議，可是聲望卻持
續重挫，可能讓馬總統深感困惑。馬總統可能沒有想到，
「避免爭議」通常等於「放棄管理」。二十世紀的管理大
師彼得杜拉克（Peter Drucker）有句名言：『管理不在避免
風險，而在選擇正確的風險去承擔』；政治是「管理」眾
人之事，當然也適用此一原則。我們知道，凡事立場鮮明，
就有人會反對；目標具體，失敗也就難以遮掩。但領導者
如果沒有立場、不訂目標，底下無所適從，必成一片散沙。
所謂「主帥無能，累死三軍」，此之謂也。

　　要說馬總統無能，現在當然言之過早；但近兩年來，
台灣民眾天天看到馬總統在鞠躬道歉，卻弄不清馬總統終
日所思何事。今天不僅綠營終日批馬，藍營群眾也普遍懷
疑馬總統是否有「臨大事、決大疑」的膽識？因此馬總統
要想恢復威信並獲得連任，必須立刻擇一重大議題，作出
膽識雙全的決策，讓人耳目一新；而兩岸問題當屬最好的
選擇。

　　自馬總統上任至今，兩岸關係大為改善，但未來仍然充滿不確定性；國內看法也日趨兩極。有人認為馬已經過度傾中；有人則認為這些所謂改善，只是大陸單方面釋出的善意，馬政府所做的，其實根本沒有超出扁政府的政策範圍，差別只是大陸以前拒絕跟扁政府往來而已。

　　馬總統迄今的兩岸政策，是「不統不獨不武」。此與阿扁的「四不一沒有」，其實沒什麼差異，都只是拖延之術，甚至根本就是「扁規馬隨」。馬總統可能認為，「不統不獨不武」，代表台灣主流民意，他只是「順從民意」而已。然而總統的責任，是領導國家，不能以所謂「順從民意」托辭卸責。假設有一群人在大沙漠裡迷了路，幸而尚有水、糧，迷路的地方也還有樹蔭；那麼在水糧枯竭之前，大多數人都會主張暫留原地不動，以免在沙漠中迷途而亡。如果這群人的領袖，看見大家都主張原地不動，也就「順從民意」，不去為前途傷腦筋，那當然就是不負責任。隨著大陸的迅猛崛起，台灣外交上的孤立及經濟上的邊緣化，都在加速之中。這就好比水糧已經加速枯竭，而沙漠裡的迷途人還不努力去尋找出路，豈非坐以待斃？

兩岸政策含混需付出高昂代價

　　從邏輯上來說，不統就是走向獨，不獨就是走向統，「不統不獨」跟「要統也要獨」一樣，是互相矛盾的。再

說，「武」或「不武」，完全操之在大陸手裡，因此台灣講「不武」，只是一廂情願的呼籲，根本不能當成政策。我們可以說，馬總統的兩岸政策是矛盾含混的。當然，有些人會說，美國的兩岸政策也是含混的，好處是能夠「以拖待變」；所以含混也沒什麼不對。

贊成這種「含混論」的人可能沒注意到，美國人的含混有其策略，而為落實其策略，則明確訂有「台灣關係法」。大陸對台灣，也已經訂定「反分裂國家法」，其策略、辦法都甚明確。台灣夾在兩強之間，已經淪為任人擺佈的棋了，如果還在含混過日子，自以為聰明得意，實在前途堪慮。台灣花費鉅資向美國採買毫無用處的軍備，是道地「請鬼抓藥單」的愚行，但卻年年上演、樂此不疲，這就是政策含混的高昂代價之一。又把大陸當敵國，禁止到大陸投資，讓許多策略產業失去在大陸拓展的機會，是另一個不幸的例子。

本人在 2007 年底，曾陸續刊登廣告，建議台灣制定「兩岸和平共處法」（此為台灣單方面的國內法，一如大陸的「反分裂國家法」），以求台灣的長治久安。這個法案的精神很簡要，基本上只有兩點：一是台灣不排斥與大陸統一；二是統一需尊重台灣民意。具體作法是：統一的條件，由大陸提出，交給台灣民意表決；其時機由大陸決定。如

果台灣百姓多數同意，即可進行統一；萬一台灣百姓不同意，則間隔一段時間後，這個程序可以重來，而且次數不限；至兩岸最終統一爲止。

這個法案旨在建立處理兩岸問題的「程序正義」（due process）。何謂「程序正義」？一個有名的例子，是兩人分餅。因爲餅的形狀不規則、成分不均勻；即使使用高科技，恐怕也無法將之分成完全均等的兩塊。但如果由一方把餅切成兩份，而讓對方來挑選；那兩個人都可以接受。這種分法即所謂程序正義；意即爭議雙方都可以接受的遊戲規則。

台灣是民主社會，目前也自認是獨立國家，所以沒有獨立問題，只有統一問題。如果台灣民意多數贊成與大陸統一，那獨派也不得不接受，所以「兩岸和平共處法」符合台灣社會的程序正義。又大陸一再強調要以「和平手段」統一台灣，而「和平手段」在台灣只有投票一途，除此別無他法。因此，如果大陸真的有意要完成和平統一，也只有提出明確條件，並努力爭取台灣民意的支持。所以，「兩岸和平共處法」所提供的程序正義，台灣的獨派與大陸的統派，都不得不接受。

建立「程序正義」有助兩岸互信互助

台灣如果能早日訂定「兩岸和平共處法」，即可早日提供一個程序正義，一方面讓大陸相信，台灣不會走向法理台獨；一方面也讓台灣百姓安心，統一不會違反台灣百姓的利益。這樣兩岸的互信即可建立，繼而可以開展全面的互助合作。

「兩岸和平共處法」，除了提供程序正義，還有一個積極效用，就是為兩岸的所有同胞，爭取實質的主權。台灣有些政客，開口閉口都在談台灣主權，可惜他們談的都只是表面的主權，不是實質的主權。所謂表面的主權，意謂當權者皆為本地出生者，即「本土派」當權，不受所謂「外來政權」的控制。但本土派當了權，老百姓的日子可能過得越來越差！台灣過去二十年如此，許多落後國家更是如此。這毛病出在什麼地方呢？

原來談主權，不能只談表面，還要談實質。我們知道，一個國家的主權，下面還可分成行政權、立法權與司法權；而這三項權力的行使，需要政府官員有足夠的專業水準與道德水準，還要有高昂的士氣，肯努力為民服務；否則必然行政泄沓、法令落伍、司法不公。在這種情形下，老百姓的主權其實已遭盜竊流失，只有表面，而無實質，因此

無法享有生活品質。香港在英國殖民時代，百姓雖無表面
主權，卻可以安居樂業；因爲香港的行政、司法、立法，
都有極高的水準，老百姓因此享有實質的主權。

　　強調「本土」，主張排外，其實是「地盤主義」。許
多開發中國家的政客或軍頭，經常以排外爲號召，以暴力
來奪權。而取得政權之後，會認爲「江山是我打下來的」，
所以傲慢驕狂、濫權肆虐，民眾的實質主權則遭到掠奪侵
占。二次大戰以後，許多國家獨立反而成爲百姓苦難的開
始，就是因爲百姓取得了表面的主權，卻喪失了殖民時代
較高的實質主權。

「兩岸和平共處法」，有助提升兩岸同胞的「實質主權」

　　台灣一旦制定了「兩岸和平共處法」，可以導引大陸
重視台灣百姓的實質主權。如果大陸能讓台灣百姓相信：
兩岸統一之後，台灣的立法能夠尊重人權、先進開明；執
法可以公正公開、爲民信賴，行政可以積極有效、便利親
民；加上政府官員都能廉潔正直、能幹肯幹；那就等於爲
台灣百姓爭取到了實質主權；如此台灣百姓可以確保安居
樂業，自然樂於支持統一。台灣目前藍綠政客惡鬥不已，
政府機能幾近癱瘓；老百姓的實質主權正在不斷流失，百
姓對前途也都感到迷惘。大陸如果以提供實質主權爲號

召，來對抗臺獨勢力的地盤主義；取得台民支持而完成統一，其實並不困難。在此之前，大陸也應該努力提升大陸百姓的實質主權，來加強對台灣百姓的說服力。如此「兩岸和平共處法」帶來的效益，則不限於解決統獨問題而已。

「兩岸和平共處法」將為兩岸帶來久遠、可靠的和平

　　1895 年，清廷將台灣割讓給日本，等於將台民賣入火坑，去當日本人的家奴。50 年後，台灣光復，台民又被捲入國、共內戰，在戒嚴法下戰戰兢兢生活，達半世紀之久。現在台民渴望安居樂業，厭惡武力威脅，大陸自然應尊重台灣民意，否則台獨反而成為台民正確的選擇。所以，台灣一旦訂制「兩岸和平共處法」，明確指出和平統一之正途，大陸將別無選擇，只能接受「兩岸和平共處法」的規範，放棄對台武力威脅。因此「兩岸和平共處法」將為兩岸帶來久遠、可靠的和平。

　　其實，制定「兩岸和平共處法」，馬總統所面臨的風險，不過是扭曲與「抹紅」而已。這些誤導都可以輕易地澄清。

　　譬如，有人會說：『這是終極統一！』；馬總統可以回答：「這不是終極統一。如果台灣百姓同意，馬上就可

以統一，不必等到終極」。又有人會說：『這是賣台！』；
馬總統可以回答：『恰恰相反！因為本法規定，統一需經
台灣百姓投票同意，正好可以防止任何個人或任何政黨私
下賣台』。有人可能又會說：『保持現狀就好，定這個法
沒必要，會激起統獨衝突』；馬總統可以回答：『台灣所
有政黨都說，台灣前途由台灣百姓作主。但如果不訂本法，
台灣百姓要如何作主？號稱是民主國家，卻沒有選舉辦
法，那是笑話。同樣的，號稱統獨由台灣百姓作主，卻不
制定「兩岸和平共處法」，也是笑話。那還不是像現在一
樣，此議題只能任由政客操弄，百姓也只能間接含淚投票，
根本無法直接做主』。有人可能還會說：『如果要訂此法，
不能只以統一為選項，獨立也要作為選項』；馬總統則可
以回答：『中華民國已經是獨立國家，有獨立選項表示我
們還沒獨立；那請問，誰是我們的宗主國？』。

民進黨如想通國民黨可能失去政權

本人早於 2007 年 3 月 14 日即致函馬總統，請推動制
定「兩岸和平共處法」。並謂：『弟構思此兩岸政策已歷
十年以上，惜無「識貨」之人。兄如能採納，定能為兩岸
生民立命，建不世之功』。當時馬總統曾說，他不敢提「統
一」二字，怕綠營給他戴紅帽子。但現在馬總統身為國家
元首、三軍統帥兼國民黨主席，為兩岸生民立命，豈能有

所畏懼？自應為所當為、勇往直前！又馬總統對兩岸問題，如果還是堅持「扁規馬隨」、放棄管理，等哪天民進黨想通了，體會出「兩岸和平共處法」其實是在落實民進黨的「台灣前途決議文」，因此轉而以制定「兩岸和平共處法」作為主要政見；那 2012 年，兩岸政策矛盾含混的國民黨恐怕又會失去政權！此點尚望馬總統警惕、深思。

關心國事的老麻雀敬上

原文出處：http://blog.yam.com/straitpeace/article/26211863

是「和平共處法」還是「和平分裂法」？

五問和處法之一

張亞中（兩岸統合學會）

聯電榮譽董事長曹興誠先生近年來持續推動「兩岸和平共處法」，期望一舉解決台灣目前的統獨爭議，然後大家一起攜手建設台灣。由於日前在接受訪問中對曹董的思路提出質疑，曹董乃在媒體上公開要求辯論，本人也表達了接受公開華山論劍之意。日前《新新聞》黃總編輯電話告知，當日已專訪曹董，希望本人能夠做些回應。基於對曹董的敬重，願先以文字提出部分看法，以持後學之禮，就教於曹董，日後再當面請益。

首先要對曹董的熱情與用心表達萬分感佩，也同意曹董對當前時事的批評，從「和平共處法」中，可以感受到曹董期盼透過該法企圖解決台灣困死的菩薩願力，但是做為一位同樣對於兩岸關係的關心者，願意向我們所敬重的曹董提出「五問」。第一問想從憲政層面上來請教：您所提的究竟是「和平共處法」還是「和平分裂法」？

容我坦率地說，「和平共處法」的用意是善良的，但是它的行為是極其危險的，何以言之呢？

從最根本的問題上說，曹董可能認為這想法是基於現實的現狀出發，可是曹董沒想到的是，這樣的想法根本嚴重扭曲了所謂的現狀，如果通過，也會從根本上改變了憲法的現狀。

我們先來談談甚麼是兩岸的現狀。兩岸現狀包括三個面向：第一、在憲法層次，目前兩岸的憲法均為「一中憲法」，彼此都宣稱主權涵蓋整個中國；第二、在治理層次，兩岸各有治權互不隸屬；第三、在權力層次，兩岸地位不等但是物質權力不對稱。

我們不要將主權與治權弄混。兩岸治權是分治的，這是連中共都不否認的事實。依照我們憲法增修條文，這分治的現狀並未改變中華民國主權及於大陸地區的宣示，當然很多人會說這是「過時的」或「喊爽的」一廂情願主張，這也許也沒錯，但大家恐怕沒有注意到，正是這個說法，讓中共認為台灣尚未從法理上改變「一個中國」的基礎，因而它可以在此一基礎上，接受「一中各表」或「九二共識」的模糊說法，從而促成了這一年多來的兩岸和平發展。如果沒有兩岸主權重疊的認識，兩岸現在是個什麼狀況，恐怕就很難說了。

　　明白這點的話，那我們就得指出，曹董對現狀的切割描述，也就是當曹董說「台灣（中華民國）是民主社會，目前也自認是獨立國家，所以沒有獨立問題，只有統一問題」時，事實上已經拋棄了我們「一中憲法」的憲法現狀，而只取了治理上的現狀，這其實在憲法層次上回到了李登輝的「特殊國與國」，與陳水扁的「一邊一國」狀態，兩岸成為在主權與治權上都沒有關係的兩個國家，已經是屬於一種「外國關係」。李登輝、陳水扁都主張台獨，但是都不排除統一公投，因為任何兩個外國也可以經由公投決定是否統一。曹董的「和平共處法」其實也可以同樣適用於對美國或日本，當然也適用於任何一個國家拿來向另一個國家喊話或叫價。

　　依據我國目前現有的憲法，除非經由革命推翻這部憲法或經由制憲去除對中國大陸的主權宣示，否則沒有所謂的「台獨」選項。馬英九總統所高喊的「台灣前途由台灣地區二千三百萬人共同決定」這一句話，其實也是民粹式的語言與謊言，因為按照中華民國現有的憲法，「台獨」選項是「違憲」的。

　　依照中華民國目前的憲法，它不只沒有獨立的問題，只有政治上何時結束分治現狀的問題。要處理這個問題只能靠兩岸的政治協商。中共在 2005 年通過的「反分裂國家法」是反對台灣從「中國」的主權分裂出去，而不是從中

華人民共和國的治權分裂出去，如果指的是後者，他們早
就可以動手了。但是，如果中華民國（或台灣）一方面宣
稱自己是個主權獨立的國家，一方面又通過一個自認為以
「已經獨立」為前題，「統一」為選項的法律，我們想請
問曹董，當「統一」已經不是必然的選項時，您的「和平
共處法」是否在本質上卻是一部「和平分裂法」呢？

　　依照中華民國憲法，我們的主權涵蓋全中國，只要中
華民國的主權宣稱仍及於大陸一天，如果真要公投統一，
它究竟要和誰統一呢？自己和自己統一嗎？這其實是個基
本法理的常識問題。你可以說這樣講，從台灣現在的角度
看，這種法理是有些「奇怪」，但中共就是這麼看的，而
且中共會認為，只要台灣做出法埋上的宣示（這種宣示不
一定是「制憲」，也包括「修憲」或「法律」），認為台
灣已經完全和中國脫鉤了，那不管它是否還叫中華民國，
都已經觸及到了最根本的國家主權分裂底線問題，那兩岸
就根本連交往的基礎都沒有了，哪裡還談得上「和平共處」
呢？

　　換句話說，只要一旦依照曹董的構想通過立法，那就
是實際上以法律的形式改變了憲法的實質內容，這種改變
事實上涉及了變更國家主權的問題，這當然有是否違憲的
可能性存在。就算政治面上，台灣的各政黨不追究違憲的

問題，可是它很可能直接代表了台灣已接受兩岸「和平分裂」，而這一發展，曹董可曾想過它的後果嗎？

所以我們要認真的問曹董，您所努力的到底是要一部「和平共處法」？還是「和平分裂法」？我們不相信曹董想要後者，但「種瓠瓜卻長出絲瓜」的俗諺，會不會恰好說中了曹董的盲點？這也就是說，只要這部法案一通過，恐怕根本還來不及問說，中共願不願意按照您所設定的遊戲方式來跟台灣玩，對岸恐怕就已經掀桌子了。當兩岸已經喪失了那個「似有若無」的一個中國紐帶時，和平根本就是空中樓閣，屆時我們還要跟誰和平共處？

兩岸要和平共處其實不難，兩岸只要共同承諾「不分裂整個中國」就可達到目的，如果沒有這個相互承諾，「和平共處法」其實就是一部「和平分裂法」！

原文出處：《新新聞》，第 1191 期，2009 年 12 月 31 日。

「程序正義」還是
程序會不正義？

五問和處法之二

張亞中（兩岸統合學會）

曹興誠董事長強調，他所提出的「兩岸和平共處法」，「建立程序正義，有助於兩岸互信互助」。我們的看法恰恰相反，認為曹董竭盡心思、憂國憂民的心血，可能會被台灣的政客，玩弄成一個程序不正義的「統一金光黨條款」。

「和平共處法」中，有關統一公投的發動方式，曹董的想法乃是交由一心想要統一的中共來提出，如此一來，中共自然要好好對待台灣，並且提出夠優厚，足以說服、取信台灣人民的條件，這樣自然就能使兩岸和平共處下去。而若公投不過，則代表中共的努力不夠，而只要中共可以再提出更好的條件，則在一定時間之後，中共可以再提出公投。這樣的話，中共總有一天可以達成願望的。

在「一問曹董」中，已經提醒曹董，從最根本的憲法法理上來看，「和平共處法」可能是一部「和平分裂法」。

現在如果我們姑且假定中共也「笨笨的」，看不出其中法理上的關竅，它也願意進入曹董設定的遊戲架構，那麼我們要問的是，這個遊戲玩不玩得下去？它會變成個甚麼？

曹董當然是了不起的企業家，但也許企業經營久了，不免也會「唯識所限」，其腦中所想像的乃是某種企業併購的模式。曹董不只一次接受媒體訪問時說，就像甲企業要併購乙企業時，總要甲企業先出個價錢，乙企業才決定是否接受併購。但是，曹董可能沒有想到，商業上的遊戲規則與政治上，特別是涉及主權、治權與認同時，是完全不同的邏輯。

第一、如何認定價錢？打個比方來說吧！我開了一家還不錯的公司，市值大約為一百億，現在曹董經營的公司看上了我的公司，希望併購，請問他會出多少錢？曹董應該會認為，二百億應該夠了吧，可是我認為不夠，拒絕曹董了，如果這樣的程序持續下去，曹董會生氣的想說，你到底要多少錢才賣？如果我暗示曹董說，你最少也要開個二千億，或者說，你送給我你的公司我就與你合併，曹董會怎麼看我？

「和平共處法」的問題在於，北京認定台灣值多少錢，台灣又認為自己值多少錢？要開甚麼樣的條件台灣才會接受？北京會開甚麼樣的條件？「先給台灣獨立五十年，五十年後統一？」、「把中華人民共和國取消，讓中華民國

統治？」、「每一個居民薪水與存款全部由新台幣換成人民幣？」台灣可能很多人希望北京開這樣的條件，但是北京會嗎？商場上的鑑價是有一定模式的，但是在政治上，台灣該如何「鑑價」？試問，一個沒辦法訂出遊戲規則的遊戲，有誰會陪著玩？

　　第二、為何不是欺騙？在提併購條件前，總是要有一些善意的互動，就像是一對男女交往，如果是男的要娶這位小姐，總要在開條件前有些善意的表示。如果這位女士拿了很多好處後，告訴對方，如果提的條件合適就嫁，但是當男士提出條件時，女方認為條件不好（包括有價物質不足），並表示如果可以給更多，可以再考慮與男士結婚，然後這對男女繼續交往，男方持續表達善意，但是再次提條件時，女方仍然不同意，如此反覆下去，女方拿了很多好處，但是就是不答應。我想問的是，如果讀者碰到這麼一個小姐，你會不會罵說她是金光黨？（以上舉例不涉及性別暗示）這種比喻也許有些不倫不類，其實在現實的台灣政壇上不就是天天在上演嗎，「台獨」主張者不斷劃大餅，用「台獨」來騙選票，不就是一個政治上的「台獨金光黨」嗎？聰明如曹董該會明白這個邏輯，曹董應該不會願意看到，自己費盡心思所構思的「和平共處法」，在政客們的玩弄下，最後變成了一個「統一金光黨條款」吧！

　　曹董在文章最後對民進黨呼籲：「『兩岸和平共處法』其實就是落實民進黨的『台灣前途決議文』，「民進黨如果想通，國民黨可能失去政權」。我們太同意這句話了。一些綠色學者與政客迄今仍看不出和平共處法的深層奧妙，如果他們看懂了，就可以了解，只要透過「兩岸和平共處法」，他們就可以脫掉原來「台獨金光黨」的外衣，換上「統一金光黨」，以前只能騙台灣，將來還可以騙大陸。

　　經由上面的推論，從這些很常識性的道理中很容易就會發現，大陸根本不會跟著玩這樣的併購台灣的遊戲，它又不是傻瓜，會跟著玩這個只准漫天要價，卻不准就地還錢的遊戲，難道這麼簡單的道理，聰明如曹董會看不出來？

　　第三、所有東西都可以買賣？曹董是個成功的大企業家，習慣從商業買賣來思考問題。這個世俗的世界裡，或許每一件東西都有它的價格，但是這並不表示，有價格的東西就一定願意出售。「認同」就是屬於這種東西。為甚麼歷史上的統一多由武力完成，其原因就是在於對方無法說服、收買，因此只有等而下之的以暴力解決。北京在多次買賣不成後，會否也如法炮製？

　　平心而論，統獨背後的根本問題是個政治學上最難解的認同問題，解決認同問題自有它應尋的道路，無論如何，認同是個無法秤斤論兩的東西。也許曹董半導體做多了，

以為認同問題也像做個晶圓一樣簡單吧！然而把認同拿來喊喊價，那天下不就變成了到處都有奶便是娘了嗎？然則曹董以為如何？

我的學生在與我討論曹董的看法時，突然脫口說了一句，這不就是找個好價錢，如何「出賣」台灣嗎？我說，這不是曹董的原意，但是政客們會這樣戴帽子的，不是嗎？

原文出處：《新新聞》，第 1192 期，2010 年 1 月 7 日。

是「統一公投」還是「不統一公投」？

五問和處法之三

張亞中（兩岸統合學會）

「一問曹董」是從憲法層次提出質疑，「二問曹董」是從可行性提出不同的看法。「三問曹董」則是從可能結果，也就是就曹董所設計的統一公投這個機制在台灣內部的作用來請教。

我們想進一步請問曹董，按照曹董的構想，認為只要設計了「統一公投」這樣的「防禦機制」，獨派的人就可以放心了，從此泛藍與泛綠就像王子與公主一樣可以和睦相處、高枕無憂，快樂生活。但是這個機制真的這麼美好嗎？

我還是要從認同的問題談起，俗話說「金窩銀窩，不如自己的狗窩」，這是台灣民粹問題的心理基礎，特別是當台灣許多人認為自己的窩是金窩，而別人的窩是狗窩時，這種民粹心理更是難以搖撼。

也不過是十多年前，「統一」是一個很正常的政治理

想與目標，要追求的是「三民主義統一中國」，而絕不是
「甚麼條件下被統一」。經過李登輝、陳水扁的去中國化
的教育、文化、等政治改造後，不要說「統一」，連「一
個中國」也變得愈來愈妖魔化。「一中各表」所以換成了
「九二共識」，就是為了「淡化一中」。任何形式的「統
一」字眼一旦出現在台灣的公共論域裡，就不可能不激起
漫天陰霾，這也是為什麼馬英九總統雖然贏得了 2008 年的
大選，但是卻不敢碰這問題的原因所在。

　　馬英九在面對統獨問題時，是選擇做一個「不領導的
領導」。他經常說的「台灣前途由台灣地區二千三百萬人
共同決定」，從好的方面來說是「尊重民意」，從決策領
導來看，就是「拒絕表態」。曹董當然可以指責馬總統對
此一問題的軟弱，放棄領導，這點我們也深有同感，也經
常撰文希望領導要當舵手而不只是水手。但是，我們也了
解到任何統一的提法與做法，都必須以極為嚴謹與謹慎的
方法為之，特別是像「統一公投」這樣的一翻兩瞪眼的機
制，更是必須慎之又慎，這點曹董諒必亦能同意。

　　我們來討論一下「兩岸和平共處法」可能的結果。假
設我們排除萬難，終於讓「兩岸和平共處法」立法了，也
假設上述「一問」、「二問」的考慮都可以忽略，大陸的
確在台灣發動統一公投了，試問我們如何想像台灣不會發

生一場生死的對決？

　　當然，曹董也可以說，既然大家已經同意遊戲規則了，那就願賭服輸嘛！反正要痛，就讓它痛個一次，或者一次不成，就痛個幾次好了，這總好過天天都在那裡痛，而且痛得毫無了局好吧！但問題就在這裡了。我們姑且不考慮其他狀況，假設排除了一切困難，那請問曹董，您認為這種公投可能辦幾次？

　　以我們的估算，這種公投就算要辦，最多也只有一次機會，而不再會有第二次機會了，何以言之呢？這理由其實也很簡單，我們且想，公投只會有兩個結果，一個是通過兩岸統一，如果是這個結果，那我們姑且不管獨派的反彈，這時兩岸是不是要進一步商量如何統一了？

　　這個商量會出現多少變數？大陸一定會認為我事前已開出了所有條件了，但這些條件在商量的過程中，不會有變化嗎？台灣會問，等到兩岸已經統一了，答應給台灣的所有條件不會減斤扣兩嗎？兩岸談成的條件，可不可能不經過一個再同意的程序？

　　除非不再需要協商與立法程序，第二天就宣布統一，如果還要經過協商與立法同意程序，我們就會發現「兩岸和平共處法」的「統一公投」只是一個意願的宣示，要等到所有法律完成才可以，兩岸各方該有的法律程序一個都不能少，我們很難了解，這個在台灣法律程序會是一個甚

麼樣的混亂場景。我們且擱置不論這一個結果，我們看看
另一面的狀況。

　　如果公投結果是否決的，這情形將如何發展？在台
灣，統一公投無可避免地會被某些政治勢力在選舉前操作
成「反統一公投」、「不統一公投」或「獨立公投」，視
為是台灣與中國的歷史決戰，選舉時的激情、全世界的關
注可想而知。因此如果一旦結果是否決的，那就是獨立勢
力的重大勝利，這雖然未必直接就導致宣布台灣獨立，但
這種不願統一的氣氛勢必使得再度提出公投的可能性消
失。

　　一旦公投沒有通過，台灣內部與全世界會解讀成為台
灣民主或台灣獨立的大勝，廣大的大陸憤青如何看待這個
結果，北京最高的權力機構可能都會發生動搖。更重要的，
在心理上等於台灣已經完全拒絕了北京的任何條件，就實
際的政治面而言，大陸等於已經喪失了統一的權力，北京
已經完全沒有再向台灣發動統一攻勢的戰略可能，大陸又
豈有過幾年再提的空間？

　　曹董的認為「兩岸和平共處法可以為兩岸帶來久遠、
可靠的和平」，「明確地指出和平統一之正途」。是這樣
嗎？曹董的「兩岸和平共處法」豈不是把統一公投便成了
不統一公投了嗎？果真有這樣的結果，北京是否會如曹董

所說：「大陸將別無選擇，只能接受兩岸和平共處法的規範，放棄對台武力威脅」？

我們不會做生意，但是了解「買賣不成仁義在」的道理，也知道商場上本來就是「一次不成、還有下次」的不斷妥協，還清楚「願賭服輸」的遊戲規則，但是，這些好像都不能適用在兩岸政治關係上的「統一公投」。

古話說「治大國若烹小鮮」，這也就是說治國者最好能避免使用這種「一翻兩瞪眼」的外科手術式解決手段。前面我們一再提到，統獨的問題本質是認同的問題，「統一公投」也許未必不是不可以思考的問題，但真要解決統獨的問題，還是必須先從根本的地方著手。所謂「七年之病求三年之艾」，看來這是沒有廉價之答案的，但不知曹董以為如何？

原文出處：《新新聞》，第 1192 期，2010 年 1 月 7 日。

要「公投定錘」還是「水到渠成」？

五問和處法之四

張亞中（兩岸統合學會）

對一個剛剛走上民主化的國家來說，往往將「公投」視爲是人民意志的最終展現，因而也經常錯誤地以爲，只有「公投」才能檢視人民的意願、只有「公投」才能解決紛擾的爭議。

有智慧者如曹董，1996 年就主張的《和平統一公投法》或目前的《兩岸和平共處法》也不幸地陷入了這個思維，「統一的條件與時機由大陸提出，是否同意則交由台灣民意表決」的主張，也不知不覺地接納了「公投定錘」這樣的思維，用其做爲解決台灣統獨困境的工具。

在一次訪談中，我提出了「公投」與「認同」關係性的辯證，曹董因而在電視上要求與我辯論。做爲一個對政治學長期的研究者，不否認「公投」是解決紛爭的快速工具，但是它「一刀兩面」的侷限性，如果草率使用，也有其殘忍與不人道的地方。

　　我上課時常常問同學一個問題，我們全班是否可以到七層大樓上面，來一個「一百萬元與往下跳」的公投，一個集體「要錢還是要命」的公投？幾個兒女是否可以透過公投來集體改變他們原有的姓氏？他們都是很快地回答說「不可以」。從這些清楚的回答中，我們可以了解到，有些問題，包括「生命安全」與「個人認同」是不宜適用於「公投」的。

　　如果今天政治人物要在台灣來一個「台獨」公投，或一個可以造成「台獨」的公投，從而可能引發兩岸的戰爭，請問，如果贊同的是多數，等於不同意的少數也必須共同承擔戰爭的生命危險，請問這樣的「公投」有意義嗎？曹董所以反對「台獨公投」的理由應該也在此。同樣的，曹董的「統一公投」如果是以51%對49%通過，又假設人民都理性接受了這個結果，請問一下，我們如何照顧那些49％那些不願意統一的人民？他們的認同與未來生活如何處理？是依據國際習慣，讓他們在半年之內必須做一個不接受就是離開家鄉的選擇？這不是很殘忍與不人道嗎？我們的智慧應該不在於用甚麼樣的快刀斬亂麻方式，一次性地根本解決爭議，而是要找一個能夠解決根本爭議並兼顧情理法的有效路徑。

　　曹董或許是一個成功的企業家，太習慣用數學的方法來思考問題，而忽略了在政治中有太多牽涉到無法用理性

與數學計算的認同問題。對於企業家來說，結果重於過程，化繁為簡是必要的獲利思路；但是對於一個好的政治人物而言，不能為了急於找到答案而犧牲過程。政治的好與壞差別就是在這裡。

曹董在思考兩岸關係時，還有一個知識上的限制。他說「從邏輯來說，不統就是走向獨，不獨就是走向統，『不統不獨』跟『要統也要獨』一樣，是互相矛盾的」。因此，他批評馬英九總統的「兩岸政策是矛盾含混的」。我們同意曹董對馬英九兩岸政策「含混論」的批評，因為馬英九的確沒有大方向，但是我們不同意，他對於統獨的辯證詮釋，也不同意他將「統一公投」做為攤牌工具的看法。

在二次世界結束以前，這個世界上的確是以「民族國家」做為唯一的國際關係主體，「國家主權」也具有高度的排它性。在這樣的國際規範下，不是統就是獨，而沒有中間選項。但是在廿世紀的下半葉，歐洲政治菁英發明了另一種政治聯合體，那就是歐洲共同體，經由統合過程，歐盟迄今已經成為一個新型的政治聯合體。

這個政治聯合體，曹董認為它是統還是獨？他們有共同的歐洲議會、執委會、歐洲法院、貨幣、與數不清的共同政策，成員國間不會再有戰爭，內部緊密程度遠遠超過一些獨立國家，他們可以算是「統」了吧！但是成員國還

有各別的國家議會、總統或總理首相、外交國防政策、獨立司法體系，與一般獨立國家無異，應該屬於「獨」了吧！簡單的說，歐洲共同體是一個「合中有分、分中有合」、「互爲主體、共有主體」的政治聯合體，它與我們所熟識的「聯邦」或「邦聯」不同。如果用曹董認識的統獨來說，它是一種「統中有獨、獨中有統」的政治體制，它「既不統也不獨、既統也獨」，但絕非「含混」。

如果曹董支持統一，應該思考的是如何爲統一創造條件，在兩岸相互尊重的基礎上，參考歐洲統合的經驗，用水到渠成的思維、搭橋建樓的方式，逐漸爲統一累積能量。在統合過程中，經由彼此的互動與學習，強化兩岸同屬一個中國的認同。歐洲共同體的經驗是值得兩岸共同學習的，經由共同體機制的建立、共同政策的實踐，兩岸一步一步地共同治理整個中國的事務，最後的統一應是「水到渠成」的漸進而成，而非一次定江山的「公投定錘」。

做爲一個民主的社會，我們不會否定「公投」的必要性，但是我們要更深刻地體認到它的兩面性，謹慎使用。我們不會完全否定「統一公投」在最終結果時的必要性，但是我們更希望那是水到渠成後的必要手續。我們想與曹董分享的是：“ending”固然很重要，“happyending”是更重要的。

我們讚賞曹董《兩岸和平共處法》的構想與動機，但

是智者如曹董，必然也有可能千慮一失。曹董是否願意平心來聽聽我們兩岸統合學會對此一問題的解決方案呢？我們主張以「一中三憲」做爲兩岸政治的定位與目標，「兩岸統合」做爲兩岸走向的路徑與互動，是否這才是您《兩岸和平共處法》的真正原意與內涵呢！

原文出處：《新新聞》，第 1193 期，2010 年 1 月 14 日。

「偏安台灣」還是
「經略大中華」？

五問和處法之五

張亞中（兩岸統合學會）

　　前面四問中，我們都是從「兩岸和平共處法」的可能影響提出質疑，即使見解不同，我們對於曹董的憂國憂民表示敬佩，但是在第五問，也是最重要的一問，我們要對曹董在思考兩岸問題時的格局表示遺憾。這最後一問，不止是問曹董，也包括您所質疑的馬英九總統，甚至也包括了如聯合報等媒體的立場。

　　曹董在文中對馬英九總統喊話說「『避免爭議』等於『放棄管理』」、「總統的責任，是領導國家，不能以所謂『順從民意』托辭卸責」。我們完全贊同這一句話，但是我們從「兩岸和平共處法」中所看到的，仍然是以避免台灣統獨爭議、放棄對兩岸關係的可能管理爲宗旨，您所說的「台灣沒有獨立問題，只有統一問題」不就是另外一種台灣已經「偏安」的表述嗎？您不覺得與馬英九只有五十步與百步的差別嗎？

　　曾幾何時，中華民國已經變了。1949 年退居台灣的中華民國政府曾經有過胸懷整個中國的年代，國民黨也曾經有過「三民主義統一中國」的氣魄。但是，在李登輝與陳水扁去中國化的政治、教育、文化操弄後，台灣突然茫然了，錯誤的以為台獨才是它唯一的出路。2008 年國民黨雖然重新執政，但是經過李登輝長達十年的統治，中國國民黨在本質上已經變成了台灣國民黨，它早已從一個曾經企圖躍馬中原的政黨轉換為尋求偏安的選舉政治團體了。

　　馬英九急於登上國民黨的主席，但是他早已沒有胸懷中國的格局，更沒有經略大陸的氣魄。主席對他來說，只是更容易掌控未來角逐 2012 年的選舉機器而已。他為了選舉，企圖討好所有的人而失去了做為領導應有的大方向，他放棄了與北京爭取「中國」這個話語權的氣魄與準備。這幾年來，馬英九對於台灣未來前途的看法是「交給二千三百萬台灣人民決定」，由於他的拒絕表態，曹董也因此對他有所責備，但是從您的大作中，您不也與馬英九總統一樣，是個十足的「偏安」派嗎？您心中想到只是如何消極接受「統一」，如何等待「招安」，從您的字裡行間沒有讀到如何積極去「經略大中華」？

　　您是一位成功的企業家，您也想過如何讓您的企業去大陸攻城略地，您更了解到一個偉大的企業不是等著別人

併購而是有辦法併購對方。您在文章中想的只是「共處」，談的只是「主權」，您似乎忘掉了，「不進則退」的商業法則，「參與才有發言權」的一般道理。如果沒有參與中國大陸的和平發展，台灣將來不會有發言權，「共處」與「主權」最後也必然落到依靠權力來解決。

或許是台灣已經沒有偉大的領導，或許是兩岸的差距已經讓台灣人民感到恐懼。如果說「中國」有三個面孔，民進黨看到的「政治的中國」與「經濟的中國」這兩張威脅的面孔，這個中國在國際政治上可以杯葛台灣，在軍事上有上千顆飛彈對準台灣，在經濟上可能消化台灣，因此，民進黨對於中國的反應是「恐懼」，選擇的方式是「逃離」。他們不僅希望從地緣政治上逃離中國，也希望在地緣經濟上不要依賴中國，更希望從認同上徹底切割中國。

國民黨的心態是矛盾的，他們看到的「政治的中國」與「經濟的中國」是兩張既是威脅，也是機會的面孔。他們同樣恐懼「政治的中國」，但是希望從「經濟的中國」中找到商機，可是與民進黨一樣害怕經濟上的依賴。他們期盼美國可以保護他的「偏安」，因此他們就必須付出如曹董所說「花費鉅資向美國採購毫無用處的軍備，是道地『請鬼抓藥單』的愚行」。矛盾而沒有大方向的目標，是為甚麼他們左右搖擺的原因。很簡單，失去了格局當然也就失去了方向，最終也將失去結局。

　　台灣應該看到另一個中國的面貌，即「社會的中國」。
這個中國正在天翻地覆的改變，人民希望政府清廉、民眾
期盼更多的自由與開放。如何爭取大陸的民心，參與大陸
的和平發展，才是在兩岸和平競賽中，發揮台灣特長的不
二法門。台灣不應該從只是物質性的賺錢角度上來思考兩
岸文化、社會、教育、或商業交流，而是應該發揮台灣的
軟實力，透過所有與大陸的交往，讓大陸的人民更了解、
喜歡、尊敬台灣，讓中國大陸的社會能夠走得更開放、更
自由，讓大陸能夠成為一個善治的社會。

　　放眼全球，只有台灣有這個同根同源的優勢。如果我
們只是以「偏安」為滿足，甚而以「已經獨立」為托辭時，
久而久之，台灣會愈來愈視兩岸關係為「異己關係」，當
兩岸認同愈來愈遠時，大陸人民也將愈來愈不願意欣賞或
接受台灣的所有軟實力優勢。如果兩岸變成一個「異己關
係」時，那麼兩岸間政治與經濟這種物質性的權力不對稱
事實，注定不會容許兩岸永遠「和平共處」下去。

　　或許我們誤解了曹董，以您的格局，應該會贊同我們
的看法。「偏安台灣」不可能永久，「經略大中華」才是
台灣真正的選擇。「偏安台灣」與「台灣獨立」都只是一
方的意願而已。歷史是不會僅按照一方的希望發展的，而
歷史也早已指出了偏安的結局。

　　最後，再一次表示，很高興，也很榮幸有這個機會向敬重的曹興誠董事長回應我們的看法，做為「兩岸統合學會」的一員，我們相信「一中三憲、兩岸統合」不僅可以守住我們的憲政主體，讓獨派無可挑剔，也可以讓兩岸和平共處，更可以讓兩岸共同學習、治理，為整個中華民族創造更美好的未來。當然，我們也希望能夠得到曹董的參與及支持，與我們一起引導台灣「經略大中華」！

原文出處：《新新聞》，第 1193 期，2010 年 1 月 14 日。

亞太研究系列

一中同表或一中各表

——記兩岸統合學會與聯合報的辯論

主　　編／張亞中
出 版 者／生智文化事業有限公司
發 行 人／葉忠賢
地　　址／新北市深坑區北深路三段 258 號 8 樓
電　　話／(02)26647780
傳　　真／(02)26647633
　E‐mail　／service@ycrc.com.tw
網　　址／www.ycrc.com.tw
印　　刷／科樂印刷事業股份有限公司
　ISBN　／978-957-818-987-4
初版一刷／2010 年 3 月
二版一刷／2011 年 1 月
定　　價／新臺幣 300 元

總 經 銷／揚智文化事業股份有限公司
地　　址／新北市深坑區北深路三段 260 號 8 樓
電　　話／(02)86626826
傳　　真／(02)26647633

國家圖書館出版品預行編目資料

　　一中同表或一中各表：記兩岸統合學會與聯
　合報的辯論／張亞中主編. -- 二版. -- 新
　北市：生智, 2011.01
　　　　面；　公分. --（亞太研究系列）（兩岸
　和平發展研究系列）

　　ISBN　978-957-818-987-4（平裝）

　　1.兩岸關係 2.兩岸政策 3.統合主義 4.文集

573.09　　　　　　　　　　　99026899